Collection dirigée p
Série "Les écrivains

Zola

grandes œuvres

commentaires critiques

documents complémentaires

Patricia Carles
Certifiée de Lettres classiques

Béatrice Desgranges
Certifiée de Philosophie

Émile Zola vers 1885

© Éditions Nathan 1991, ISBN 2-09-180227-1

Introduction

Il a tout essayé : la poésie (sans succès), le théâtre (ses pièces ont été sifflées), le journalisme (pour survivre mais avec talent)... Né « au confluent de Balzac et de Hugo », Zola désespérait de jamais se faire un nom à l'ombre de ces deux géants. Les « Différences entre Balzac et moi » sonnent pourtant comme le défi d'un romancier de vingt-huit ans, à peine reconnu par la critique pour *Thérèse Raquin*, à l'auteur de *La Comédie Humaine*. Ce que Balzac a fait pour la Restauration, Zola veut le faire pour le Second Empire : rendre « toute une société, un peuple ondoyant et divers, une famille humaine complète (qui) habite la France entière, Paris et la province, [...] vit la vie de notre siècle, souffre et jouit comme nous, est, en un mot, l'image de notre société [...] » (*Mes Haines*).

Mais la « zoologie humaine » de Balzac reste tributaire de la science classique, qui répartit les espèces dans *l'espace horizontal d'un tableau* pour tout voir, nommer, classer : « comme il y a des lions, des chiens, des loups, il y a des artistes, des administrateurs, des avocats » dans la classification balzacienne. « Peintre de types, archéologue du mobilier, nomenclateur* des professions », l'historien des mœurs de la Restauration n'a pas trouvé le moyen *logique* de mener son lecteur d'une case à l'autre du tableau. Zola le découvre : avec Darwin, la typologie des espèces s'inscrit dans *la verticalité du temps*. L'arbre généalogique d'« une seule famille » poussera donc ses rameaux dans tous les milieux sous le fouet de « l'élan démocratique ».

Fidèle à Darwin, Zola proclame que « les caractères de ses personnages sont déterminés par les organes génitaux » : l'hystérie de l'ancêtre commune, Adélaïde Fouque, est la « fêlure » qui, comme le furet des jeux d'enfant, court d'un descendant à l'autre des *Rougon-Macquart*. Riche héritière, Adélaïde épouse son jardinier dans « le roman des origines ». De ce mariage est issue la branche légitime des Rougon, vouée à l'ascension sociale. Mais, bientôt veuve, la jeune femme prend pour amant un contrebandier ivrogne et fainéant. De cette union chaotique naît la branche bâtarde des Macquart, vouée à la vie populaire. De ce côté, les ouvriers, les paysans, les soldats, voire les boutiquiers. De l'autre, les parvenus, les banquiers, les ministres et, quand les deux branches se mêlent, le grand commerce ou la petite bourgeoisie. Ainsi le roman de l'hérédité s'engrène sur l'exploration de l'Empire et de ses « mondes », ses classes. Mais la sociologie de Zola, pour être darwinienne, ne se réduit pas à la naïve loi de la jungle, les gros mangeant les petits, selon un cliché cher à l'idéologie bourgeoise. Pour lui, comme pour Darwin, le critère de la sélection, c'est la descendance : les individus qui savent s'assurer une nombreuse progéniture saine imposent leur marque à l'espèce. Les Rougon-Macquart, par la malédiction de la fêlure héréditaire, perdront cette chance : leur « race » s'étiole inéluctablement. C'est pourquoi, à côté des « mondes » déjà cités, Zola se donne un espace d'observation pour toutes les pathologies de la marginalité. Ce « monde à part » est fait, selon les milieux, de prostituées, de meurtriers, de prêtres ou d'artistes, voire de savants. Le cycle s'achève en effet sur la totalisation que tente le Dr Pascal, double du romancier, qui voit se tarir un à un les rameaux de l'arbre généalogique patiemment dressé...

Partie de Provence, l'histoire s'achève en Provence et semble se refermer en une magistrale rationalité. Pourtant, un lyrisme hugolien travaille au cœur de cet édifice positiviste. Par la démesure du style, par la luxuriance du vocabulaire, Hugo a élevé le roman à la puissance du mythe, par sa générosité humanitaire, il a su faire l'épopée de la misère à laquelle Balzac était resté sourd. « Il n'y a pas d'ouvrier chez Balzac », constate Zola. Lui, avec une conscience aiguë de la dynamique historique, aura le génie visionnaire des masses, des foules et son matérialisme sera habité par une fantasmagorie héritée des outrances hugoliennes : les forces matérielles, les milieux, les machines deviendront sous sa plume autant de monstres vivants.

Ainsi, « au confluent de Balzac et de Hugo, Zola s'est fait un nom. Mais, entre toutes les œuvres du polygraphe Zola, les lecteurs ont plébiscité *Les Rougon-Macquart* qui, mieux que les contes de jeunesse, mieux que le crédo généreux de la fin, *Fécondité*, *Travail*, *Vérité*, *Justice*, ont su envelopper la réalité la plus prosaïque du souffle épique de l'imaginaire...

La vie d'Émile Zola

Des débuts difficiles

Émile Zola naît à Paris le 2 avril 1840 mais passe son enfance à Aix-en-Provence où son père, ingénieur italien et entrepreneur de grands travaux, doit réaliser l'adduction d'eau potable. Le décès de François Zola laisse la famille dans une situation financière très précaire et marque durablement le jeune orphelin, âgé de sept ans : l'angoisse de la mort et le culte du savant progressiste se retrouveront dans l'œuvre du romancier.

Adolescent, Émile est romantique, il « jette aux échos » les vers de Musset, Lamartine ou Hugo en courant la campagne avec Cézanne et Baille. Mais, en 1858, il doit quitter ses amis d'enfance pour rejoindre sa mère à Paris. Après un échec au bac scientifique (en 1859), d'abord misérable gratte-papier aux docks, il se réfugie dans la bohème, pour fuir cette vie de « cheval de manège ». Il fait l'expérience de la pauvreté, des taudis et de la faim mais approfondit sa culture classique : il lit Ronsard, Rabelais, Montaigne, réfléchit sur les moralistes et les auteurs dramatiques du XVIIe, découvre Dante, Cervantès et Shakespeare. Entré comme commis chez Hachette en 1862, il devient rapidement chef de publicité (il le restera jusqu'en 1866), découvre le monde de l'édition, rencontre les auteurs (dont Taine) et entame sa propre carrière de journaliste (en 1863) puis d'écrivain, avec *Les Contes à Ninon*, en 1864.

Zola journaliste

Depuis 1860, Zola fréquente les ateliers. En 1863, avec Cézanne, il visite le « Salon des Refusés », cette contre-exposition, en marge du Salon officiel, que Napoléon III a dû concéder aux artistes qui n'ont pas su plaire au Jury. Témoin de la bêtise intolérante du public devant *Le Déjeuner sur l'herbe*, il prend « le goût » en haine. Il mettra bientôt son talent de polémiste au service de Manet et de tous les peintres qui contestent le conformisme bourgeois, qu'ils soient réalistes (Courbet, Millet), paysagistes (Corot, Daubigny), voire « actualistes » (Renoir, Monet, Degas ou Sisley, les futurs impressionnistes). Le portrait de Zola par Manet (1868), sa présence dans les « Ateliers » peints par Fantin Latour (1869) et Bazille (1870) témoignent des liens privilégiés du journaliste avec les artistes. Comme Sandoz dans *L'Œuvre*, il a su s'entourer d'une « bande » chaleureuse qu'il reçoit à ses jeudis, retrouve sur les bords de Seine ou au Café Guerbois.

Obligé de vendre sa plume à divers journaux de Paris et de province pour survivre, Zola doit à ses chroniques littéraires (il en regroupe certaines dans *Mes Haines* dès 1866), l'essentiel de sa formation intellectuelle. C'est en critiquant Taine ou Littré qu'il forge sa méthode, en commentant Stendhal, Balzac, Flaubert ou les Goncourt qu'il reconnaît ses maîtres, en analysant George Sand ou Hugo qu'il se déprend du romantisme.

Un romancier contre l'empire

Depuis 1866, Zola vit avec Alexandrine Meley, une blanchisseuse que lui a présentée Cézanne un an plus tôt, et qu'il épousera en 1870. Malgré le succès de *Thérèse Raquin* en 1867, il continue à faire ses gammes de romancier dans le journalisme : il exerce sa verve satirique contre l'Empire et ses mœurs dans *L'Événement illustré*, *La Tribune*, *Le Rappel*, *La Cloche* ou *Le Siècle*, il s'emporte contre « l'ordure insolente de ces femmes et de ces hommes qui ont besoin de la dictature de César pour bercer leurs nuits d'amour dans le grand silence de la France bâillonnée », raille la prévenance d'Haussmann pour les riches, dénonce le luxe des fêtes de Compiègne, la misère des pauvres, les rigueurs du bagne ou l'hypocrisie cléricale, thèmes que l'on retrouvera dans *Les Rougon-Macquart*. Accepté par l'éditeur Lacroix en 1869, le projet du grand cycle sur le Second Empire sera repris par Charpentier en 1872 : Zola consacrera vingt-cinq ans à écrire son chef-d'œuvre.

La guerre de 1870 interrompt la parution de *La Fortune des Rougon* en feuilleton et Zola, qui a mené une vigoureuse campagne anti-belliciste (« Refuser la guerre, c'est refuser l'Empire »), doit aux événements de n'être pas jugé : le 4 septembre, après la défaite de Sedan, la République est proclamée. Pour faire vivre sa mère et sa femme, Zola, qui a vainement brigué une sous-préfecture dans le Midi, devient chroniqueur parlementaire, d'abord à Bordeaux, puis à Versailles.

Naturalisme et politique

Après l'insurrection de la Commune (18 mars 1871), il renvoie dos à dos « les idéalistes révolutionnaires [...] qui tomberont en criminels, en s'imaginant tomber en martyrs », et « les gens de Versailles (qui) auront du sang jusqu'à mi-jambes » pour rentrer dans Paris, après l'avoir abandonné. Réclamant l'amnistie pour les Communards, il soutient néanmoins Thiers, seul capable, à ses yeux, de sauver la République. Il a pourtant une grande méfiance pour la politique, ce « terrain sur lequel les inutiles, les impuissants, les vaincus, se donnent rendez-vous pour monter à l'assaut du succès ». Seules des « supériorités intellectuelles », pourraient déterminer les « besoins, d'après la race, l'histoire et le milieu contemporain », bref, « la République sera naturaliste ou elle ne sera pas ».

Cependant, après le succès de *L'Assommoir* (1877), l'écrivain est en mesure d'abandonner le journalisme, ce qu'il fera en 1881. Reconnu par les plus grands, reçu aux dimanches de Flaubert avec Goncourt, Tourgueniev ou Daudet, il achète une maison à Médan (1878) et devient le chef de l'École naturaliste : Huysmans, Céard, Hennique, Maupassant et Alexis participent aux *Soirées de Médan* (1880).

Le naturalisme au théâtre

Malheureux dans ses propres tentatives dramatiques (ses pièces *Thérèse Raquin* et *Les Héritiers Rabourdin* ont été sifflées en 1873 et 1874), Zola voudrait arracher le théâtre à « l'enflure du drame romantique », à la « rhétorique lymphatique des classiques » et à la vulgarité de l'opérette ou du vaudeville. Dans la mise en scène de *L'Assommoir* (1879), puis de *Nana* (1881), il tente de créer « le drame naturaliste » avec l'aide de Busnach. Négligeant l'intrigue au profit d'une série de tableaux, il ouvre le théâtre à l'atelier, au cabaret, à la rue ou au lavoir. Décors, costumes et figurants, indicateurs du milieu, sont ainsi élevés au rang que leur donnera le cinéma, et la langue de tous les jours remplace les phrases ronflantes du mélodrame. Mais ces tentatives n'apportent pas la révolution naturaliste sur la scène. Après les premiers succès et quelques adaptations médiocres, *Germinal* est un échec total (1888).

Mais, tandis que le naturalisme au théâtre fait long feu, le roman vole de succès en succès malgré les cabales (Le Manifeste des Cinq contre *La Terre* en 1887), et les indignations bourgeoises.

L'affaire, l'exil, la mort

Zola serait un homme heureux si l'angoisse du néant, portée au paroxysme par la mort de sa mère et celle de Flaubert en 1880, et la stérilité d'Alexandrine ne le torturaient secrètement. En 1888, il s'éprend d'une jeune lingère, embauchée par sa femme. Jeanne Rozerot lui donnera deux enfants, Denise, en 1889, et Jacques, en 1891. Ce bonheur d'automne ouvre le naturalisme sur une « acceptation [...] plus attendrie de la vie » dans un climat littéraire nouveau, ouvert au symbolisme et au mysticisme.

Zola vient d'achever *Les Trois Villes*, où il tente un bilan du siècle, lorsque l'affaire Dreyfus l'arrache à ceux qu'il aime. Après avoir dénoncé dans l'Aurore du 13 janvier 1898, par le fameux « J'ACCUSE ! », la machination antisémite dont le capitaine, dégradé et déporté pour trahison, est victime, il est condamné à un an de prison et à 3 000 F d'amende. Obligé de s'exiler en Angleterre, il entreprend d'illustrer, dans *Les Évangiles*, les grands combats républicains de cette fin de siècle : pour la natalité et l'expansion coloniale (*Fécondité* est écrit en exil), pour la réconciliation des classes (*Travail*), pour la laïcité (*Vérité*), pour la justice (*Justice* demeurera à l'état d'ébauche).

Mais les ligues antisémites ne pardonnent pas à Zola d'avoir provoqué la réouverture du dossier Dreyfus (celui-ci, gracié en 1899, ne sera réhabilité qu'en 1906).

Zola meurt asphyxié, dans la nuit du 28 au 29 septembre 1902, peut-être assassiné pour avoir défendu la vérité. Tandis que ses ennemis célèbrent joyeusement ce « fait divers naturaliste », une foule immense assiste à son enterrement, le 5 octobre 1902, au cimetière Montmartre et une délégation de mineurs scande « Germinal » en hommage au romancier qui a fait entendre le « cri de justice des charbonniers ». Les cendres d'Émile Zola seront transférées au Panthéon en 1908.

VIE ET ŒUVRE D'ÉMILE ZOLA	CONTEXTE POLITIQUE SOCIAL ET CULTUREL
1840 Naissance le 2 avril à Paris.	
	1842 Eugène Sue, *Les Mystères de Paris*.
1847 Mort de François Zola, père d'Émile.	
	1848 Fin de la monarchie de Juillet ; IIe République : Louis-Napoléon Bonaparte président.
	1851 Coup d'État de Louis-Napoléon Bonaparte (2 décembre).
1852 En pension à Aix avec Cézanne.	1852 Proclamation du Second Empire (2 décembre).
	1853 Haussmann, préfet de la Seine.
	1857 Flaubert, *Madame Bovary*.
1858 Émile rejoint sa mère à Paris.	
1859 Échec au bac ; poèmes et contes.	1859 Salon ; premières photographies de Nadar.
1860 → 1861 Année de misère.	
	1861 Castagnary définit le naturalisme.
1862 Employé chez Hachette.	1862 Hugo, *Les Misérables*.
1863 Commence le journalisme.	1863 Premier Salon des Refusés.
1864 *Contes à Ninon*.	1864 Ire Internationale. Les Goncourt : *Germinie Lacerteux*.
1865 Début de la liaison avec Alexandrine Meley. *La Confession de Claude*.	1865 Manet : *Olympia* (scandale). C. Bernard : médecine expérimentale. Larousse : *Dictionnaire du XIXe*.
1866 *Mes Haines* ; *Mon Salon*.	1866 Offenbach : *La Vie parisienne*.
1867 *Les Mystères de Marseille* ; *Thérèse Raquin* ; *Édouard Manet*.	1867 Exposition universelle.
1868 *Madeleine Férat*.	1868 Wagner : *Les Maîtres chanteurs de Nuremberg*.
1869 Se lie avec Flaubert et Michelet ; articles contre l'Empire.	

VIE ET ŒUVRE D'ÉMILE ZOLA	CONTEXTE POLITIQUE SOCIAL ET CULTUREL
1870 Début des *Rougon-Macquart* en feuilleton ; épouse Alexandrine.	1870 Victoire prussienne à Sedan. Fin de l'Empire, IIIe République.
1871 *La Fortune des Rougon*. Zola chroniqueur parlementaire.	1871 La Commune, réprimée par Thiers.
1872 *La Curée*.	1872 Hugo : *L'Année terrible*.
1873 *Le Ventre de Paris*.	1873 Mac-Mahon président ; ordre moral. Rimbaud : *Une saison en enfer*.
1874 *La Conquête de Plassans* ; *Nouveaux Contes à Ninon*.	1874 Première exposition impressionniste. Verlaine : *Romances sans paroles*.
1875 *La Faute de l'abbé Mouret*.	1875 Garnier, achèvement de l'Opéra.
1876 *Son Excellence Eugène Rougon*.	1876 Degas : *L'Absinthe*.
1877 *L'Assommoir*.	1877 Rodin : *L'Age d'airain* (scandale).
1878 Zola à Médan ; *Une page d'amour*.	1878 Exposition universelle.
	1879 Grévy président. Vallès : *L'Enfant*. Huysmans : *Les Sœurs Vatard*.
1880 *Nana* ; *Le Roman expérimental* ; *Les Soirées de Médan*. Mort de la mère de Zola.	1880 Amnistie pour les communards ; mort de Flaubert.
1881 *Les Romanciers naturalistes*.	
1882 *Pot-Bouille*.	1882 Loi Jules Ferry sur l'École.
1883 *Au Bonheur des Dames*.	1883 Maupassant : *Une vie*.
1884 *La Joie de vivre*.	1884 Degas : *Les Repasseuses*.
1885 *Germinal*.	1885 Mort de Hugo et de Vallès.
1886 *L'Œuvre*.	1886 Van Gogh : *La Guinguette*.
1887 *La Terre*.	1887 Achèvement du Sacré-Cœur.
1888 *Le Rêve*. Liaison avec Jeanne Rozerot.	1888 Boulangisme. Van Gogh et Gauguin en Arles.
1889 Naissance de Denise, fille de Zola.	1889 IIe Internationale ; exposition universelle ; tour Eiffel.

1890 *La Bête humaine*.	
1891 *L'Argent*. Naissance de Jacques, fils de Zola.	1891 Grève de Fourmies, répression.
1892 *La Débâcle*.	1892 Attentats anarchistes.
1893 *Le Docteur Pascal*.	1893 Attentat à la Chambre.
1894 *Lourdes*.	1894 Sadi Carnot assassiné. Affaire Dreyfus.
	1895 Première projection cinématographique.
1896 *Rome* ; article contre Drumont.	
1898 *Paris* ; « J'accuse » ; procès ; départ pour Londres.	
1899 *Fécondité* ; retour à Paris.	1899 Dreyfus : deuxième procès.
	1900 Exposition universelle ; gare d'Orsay ; amnistie pour les faits relatifs à l'affaire Dreyfus.
1901 *Travail*.	1901 Loi sur les associations.
1902 Mort de Zola.	
1903 *Vérité*.	
	1906 Réhabilitation de Dreyfus.
1908 Émile Zola au Panthéon.	

Portrait d'Émile Zola, par É. Manet

Synthèse générale

AUX SOURCES DU NATURALISME

C'est à partir de 1866 que Zola construit autour de la notion de « naturalisme » un système conceptuel qui trouvera sa dimension définitive dans *Le Roman expérimental* (1880). Dans sa volonté de réalisme, il rompt aussi bien avec « l'abstraction de l'homme classique, pris en dehors de la nature comme un mannequin philosophique » qu'avec le mensonge romantique et son dogme spiritualiste : « Diviser le sujet, avoir un monstre d'un côté et un ange de l'autre ; battre des ailes dans le ciel, et rêver encore en s'enfonçant dans la terre : rien n'est plus anti-scientifique. » Refusant cette dualité de l'âme et du corps, Zola renoue avec le matérialisme des Lumières qui explique les phénomènes « par les lois du mécanisme et sans recourir à des causes surnaturelles » (Furetière). Il s'inscrit par là dans le mouvement esthétique, qui, depuis 1850, renouvelle la peinture : « L'école naturaliste, écrivait Castagnary à propos de Courbet, rétablit les rapports brisés entre l'homme et la nature. Elle est issue [...] du rationalisme moderne [...] qui, en replaçant l'homme dans la société, d'où les psychologues l'avaient tiré, a fait de la vie sociale l'objet principal de nos recherches. » (*Salon* de 1863). Mais le romancier se met surtout à l'écoute de « l'histoire naturelle » : « Nous sommes des naturalistes qui ramassons simplement des insectes, qui collectionnons les faits. »

LE ROMAN EXPÉRIMENTAL

Calqué sur *L'Introduction à l'étude de la médecine expérimentale* de Claude Bernard (1865), *Le Roman expérimental* marque le couronnement de cette volonté positiviste de « traiter les faits sociaux comme des choses » : « Si la méthode expérimentale conduit à la connaissance de la vie physique, elle doit conduire aussi à la connaissance de la vie passionnelle et intellectuelle. » Moraliste expérimentateur, l'écrivain montrera donc « le mécanisme des faits » en opérant « sur les caractères, sur les passions, sur les faits sociaux comme le chimiste et le physicien opèrent sur les corps bruts, comme le physiologiste opère sur les corps vivants ». Il dressera ainsi une sorte de « procès verbal » de l'expérience, se gardant de juger, dégageant les lois en faisant mouvoir ses personnages pour montrer ce que « telle passion, agissant dans tel milieu et dans telles circonstances, produit au point de vue de l'individu et de la société ». Dans cette problématique, le romancier disparaît au profit du « savant » et le roman devient le laboratoire imaginaire des sciences humaines balbutiantes, relayant les études des sociologues, des hygiénistes et des aliénistes sur les « classes dangereuses », les prostituées ou les assassins, et sur la névrose ordinaire des femmes. N'oublions pas que Charcot commence à publier ses *Leçons sur les maladies du système nerveux* en 1872 et que *Le Traité de l'hérédité naturelle* de Lucas (1847) accrédite l'idée que « le système nerveux » dérive « de la femme », que « les maladies mentales viennent surtout des mères ».

POSITIVISME ET LITTÉRATURE

Cet effort pour introduire le positivisme dans la littérature avait été inauguré par Taine. Définissant le critique comme le « naturaliste de l'âme », il tentait d'expliquer les productions de l'écrivain par la « race », le « milieu », le « moment ». Dès 1866, dans *Mes Haines*, Zola trouvait en lui un maître : la méthode qui expliquait le caractère des écrivains et de leurs œuvres pouvait bien expliquer la conduite de l'individu. Les admirations littéraires du romancier vont donc à ceux qui ont ouvert la voie du réalisme clinique : pour l'auteur de *Thérèse Raquin*, Balzac a déjà appliqué la méthode expérimentale dans l'étude des ravages de la passion amoureuse du baron Hulot (*La Cousine Bette*), Flaubert a donné à l'art la précision des sciences physiques et manié le scalpel pour mettre à nu le cœur d'Emma Bovary comme Michelet a écrit dans *L'Amour* et *La Femme* un chapitre d'« histoire naturelle », « une étude médicale de l'amour ». Il ne s'agit plus d'analyser, comme Stendhal, « la mécanique de l'âme séparée du corps », mais bien des êtres de « nerfs et de sang », comme les Goncourt.

OBSERVATION ET TRAVAIL D'ENQUÊTE

Dans sa volonté naturaliste, Zola prétend commencer par l'observation et ses *Carnets d'enquête* témoignent de l'acuité de son regard. Il prend la peine de descendre au fond de la mine d'Anzin pour écrire *Germinal*, de monter aux côtés du mécanicien sur la ligne Paris-Mantes pour préparer *La Bête humaine* ou de visiter les coulisses des « Variétés » pour camper Nana. Mais sa documentation est aussi livresque : il sait tout des maladies professionnelles des mineurs, des spéculations boursières (*L'Argent*) ou même du travail des chasubliers (*Le Rêve*). Il enquête d'ailleurs autant sur les mots que sur les choses et un lexique spécialisé atteste, pour le lecteur, l'authenticité de sa démarche.

Cependant Zola n'est pas un tâcheron besogneux du réalisme et la vision créatrice, qui fait une large place au symbole, s'impose dès *l'ébauche* qui précède le travail d'enquête. Les deux *plans* successifs, par lesquels le romancier cerne ensuite son objet, affinent et développent cette intuition préalable, parfois aux dépens de la vérité documentaire. Ainsi, fondant *Germinal* sur le contraste (jour/nuit ; nature/culture), Zola attribue aux filles de mineurs une sexualité précoce en dépit des dénégations de ses informateurs.

L'ARCHITECTURE ROMANESQUE

Génie de l'architecture romanesque, il mène Gervaise de la misère à la splendeur et de la splendeur à la misère en treize chapitres fatidiques, il dénoue le conflit tout classique du devoir et de la passion dans les cinq « actes » (parties) d'*Une page d'amour* comme il fait de la ligne de chemin de fer l'épure structurale de *La Bête humaine*. Mais Zola est musicien autant qu'architecte : mieux encore que la « symphonie des fromages » (*Le Ventre*), que la « symphonie des fleurs » (*La Faute*), l'obsédante « Loi du Retour » apparente, pour A. Dezalay, l'écriture de Zola à celle de Wagner. Scandées de leitmotive, les œuvres s'évoquent en contrepoint (le flot du sang menstruel dans *La Joie de vivre* semble effacer la tache sanglante du crime de *La Fortune*) et les cycles eux-mêmes se répondent : la sève de l'arbre du Paradou coule dans les « veines » du grand chêne des Froment, où reverdit l'arbre des Rougon-Macquart. Une marche en avant démentie par un retour aux origines, tel est bien le rythme majeur du « roman-opéra » d'Émile Zola.

MÉTHODE EXPÉRIMENTALE
ET RÉCIT CANONIQUE

Comme l'a montré H. Mitterand, la séduction qu'exerce sur Zola le modèle expérimental vient sans doute de ce qu'il y retrouve, inconsciemment, l'équivalent du *récit canonique*. Qu'est-ce en effet qu'expérimenter pour Claude Bernard sinon, après avoir observé un *état* physiologique *initial*, introduire un *élément perturbateur* (acide, section d'un nerf...) pour mettre en évidence des *réactions* organiques ? Or la « performance » du sujet romanesque est articulée en « séquences narratives » homologues aux étapes de l'expérience. Prenons *La Curée* : dans l'ennui mondain de l'empire (état initial), l'arrivée de Maxime (force transformatrice) trouve Renée sans force (équilibrante) et la jette à l'inceste (état final).

Mais il n'y a d'expérience que pour vérifier une hypothèse : Zola apporte la « preuve » décisive de l'interaction de l'hérédité et du milieu dans les destins inverses mais jumeaux de Victor, le fils naturel de Saccard, et de Maxime, son fils légitime : précocité et équivocité sexuelles, relations « incestueuses » (avec sa belle-mère pour Maxime, avec la mère Eulalie pour Victor) dénotent une hérédité commune ; mais « la même boue humaine » n'a pas le même aspect « sous la redingote » et « sous les haillons » : « le cloaque de la Cité de Naples » a fait de Victor une brute rôdant « un couteau au poing », un « nid de duvet et de soie » n'a fait de Maxime qu'un dépravé (*L'Argent*).

LE MILIEU ET LE SYSTÈME
DES PERSONNAGES

L'analyse du milieu est donc « une nécessité de savant » et Zola organise l'intégration progressive de ses héros au tout social en faisant graviter autour d'eux, comme le montre Neide de Faria, le système réglé de ses personnages.

Si le *personnage-cellule*, qui, appartenant à la lignée, rattache chaque roman au cycle, est souvent le *héros* à travers lequel le lecteur ressent le drame, il ne s'agit pas d'une contrainte absolue : Florent est par exemple le « héros » du *Ventre de Paris* dont Lisa Macquart est le personnage-cellule.

Autour du héros, quelques individualités nettement caractérisées forment le réseau des *personnages clés* auxquels sont dévolus les principaux rôles actantiels : le jeune Coupeau, qui épouse Gervaise malgré ses deux bâtards au début de *L'Assommoir* est ainsi son premier *adjuvant* comme Lantier, qui s'installe dans son ménage pour la ruiner, est son principal *opposant*.

Viennent ensuite les *personnages secondaires* qui, dans un dégradé continu, passent de la sphère de l'**action** à celle du **décor** : si Virginie assume encore une fonction dynamique en travaillant sourdement à la perte de la blanchisseuse, ses ouvrières ou le Père Bru sont des *acteurs* sans être des *actants* du drame.

Peu à peu, ces personnages secondaires se fondent dans l'anonymat, d'abord en formant des paires (les Boche dans *L'Assommoir*, Mouquet-Mouquette dans *Germinal*) puis en se diluant dans la « bande » (celle des ouvriers soiffards qui entourent Coupeau ou celle d'Eugène dans *Son Excellence*) et la bande à son tour disparaît dans la foule.

Simple élément du décor (comme les ouvriers que Gervaise voit descendre sur Paris du haut de sa fenêtre), le *personnage-foule* peut aussi assumer un rôle actantiel, comme les mineurs dévastant les fosses dans *Germinal*.

LES FORCES MATÉRIELLES

Or si certains acteurs humains n'agissent pas sur l'action, des forces abstraites peuvent le faire. Ainsi, l'Histoire, « l'élan démocratique », est le *destinateur* ultime qui, dans *Les Rougon-Macquart*, jette les individus dans « la bousculade des ambitions et des appétits », proposant à la quête de chacun un *objet* de jouissance, du pauvre idéal de Gervaise, « avoir un trou à soi », aux séductions grandissantes du pouvoir, de l'argent et du savoir. Mais ce sont surtout les lieux ou les objets qui deviennent de véritables personnages, des *actants matériels* du drame. Le romancier distinguait en effet, dès les « Notes sur la marche générale de l'œuvre », en 1868-1869, le « *milieu de société* » du « *milieu de lieu* ». Des Halles au grand magasin, du faubourg au bois de Boulogne, de la maison bourgeoise à l'hôtel particulier, Zola fait vivre ce *personnage* - « *res* » qu'est le grand Paris auquel il oppose la frileuse Plassans et les mœurs de province. D'un roman à l'autre, les lieux s'appellent et se répondent : la terre qui s'offre à la possession des hommes (*La Terre*), la mer qui les déposdède (*La Joie de vivre*), mais aussi le « rut » vénéneux de la serre (*La Curée*), la glorieuse fécondité du Paradou (*La Faute*) ou les fermentations grasses de l'aire Saint-Mittre (*La Fortune*) qui soufflent aux vivants les détraquements de la chair, les voluptés de l'amour ou l'appel du néant.

L'HÉRÉDITÉ

Mais les milieux, qu'ils soient lieux ou sociétés, ne peuvent que sélectionner, selon le modèle darwinien, les combinaisons fortuites de l'hérédité dont *Le Docteur Pascal* expose le système. Mêlant le mythe de la Genèse à la « science commençante » de la génétique, Zola fait de l'arbre généalogique des Rougon-Macquart un véritable Arbre de la Connaissance. Combinatoire de l'hérédité, l'arbre est en même temps combinatoire de la genèse romanesque : « les branches étalées, subdivisées, alignaient cinq rangées de larges *feuilles* ; et chaque feuille portait un nom, contenait, d'une *écriture fine*, une *biographie*, un cas héréditaire ». L'arbre fonctionne ainsi comme un modèle totalisant « sans un trou », comme « une expérience de cabinet, un problème posé et résolu au tableau noir », exposant la logique du vivant.

Sur le tronc de la Vie, deux branches maîtresses d'abord se séparent, celle de « l'*innéité* », produisant de rares innovations, celle de « l'*hérédité* », produisant la ressemblance. Celle-ci peut être « directe », « indirecte », « en retour » ou « par influence », selon qu'elle vient des parents eux-mêmes, des collatéraux, des ancêtres éloignés ou d'un amant qui aurait « imprégné » la mère avant la conception. L'hérédité directe, à son tour, se ramifie par le jeu des « élections » (celle du père ou de la mère) et des « mélanges » aux multiples branchioles.

L'ARBRE GÉNÉALOGIQUE

Ainsi l'arbre généalogique des Rougon-Macquart redouble l'arbre logique de la vie dont l'arbre littéraire d'Émile Zola explore toutes les combinaisons, selon leur probabilité, en fonction du *moment* et des *milieux*. Il y aura dans l'arbre « de l'histoire pure [...] des études sociales, de simples études humaines, [...] de la fantaisie, [...] l'envolée de l'imagination hors du réel [...], du vulgaire et du sublime, des fleurs, la boue, les sanglots, les rires, le torrent même de la vie charriant sans fin l'humanité ».

On peut certes se moquer aujourd'hui de la biologie du « docteur » Zola et frémir de l'eugénisme* qui sous-tendait le projet de 1868-1869 : après avoir « démonté notre machine », en avoir montré « les secrets ressorts par l'hérédité », et fait voir « le jeu des milieux », il laissait aux législateurs le soin de « panser les plaies » et aux médecins comme Lucas celui de « croiser les familles », ce à quoi il s'essaie lui-même, littérairement, dans *Les Évangiles*. L'arbre bio-littéraire des *Rougon-Macquart* reste néanmoins une belle intuition du *texte* génétique : la vie n'*écrit*-elle pas, dans un *alphabet* immuable, des *messages* dont chaque génération nouvelle n'est que la *lecture* plus ou moins fidèle ?

LA THÉORIE DES ÉCRANS, ZOLA IMPRESSIONNISTE

Moins naïf que ses détracteurs, Zola sait bien que l'objet ne se donne au savant qu'à travers le filtre de ses instruments, de ses appareils à percevoir. Dans une lettre de 1864, il analyse de ce point de vue les médiations littéraires. Il oppose ainsi « l'écran classique [...] verre grandissant qui développe les lignes et arrête les couleurs au passage », « l'écran romantique » qui « laisse passer les couleurs » mais seulement « par larges nappes d'ombre et de lumière », à « l'écran réaliste, si parfaitement transparent que les images le traversent et se reproduisent ensuite dans leur réalité ».

L'écran réaliste, c'est d'abord une fenêtre largement ouverte sur le monde, permettant aux basses classes d'accéder à la représentation, comme le demandaient les Goncourt, indignés « de l'interdit littéraire » pesant sur « les misères des petits et des pauvres ». Mais « si clair, si mince [...] qu'il soit, il n'en a pas moins une couleur propre, une épaisseur quelconque, il teint les objets, il les réfracte tout comme un autre ». Et Zola trouve dans l'impressionnisme un modèle conciliant l'exigence de *vérité* (« une œuvre d'art est un coin de la création ») avec celle de l'*originalité* (« vu à travers un tempérament »). Claude sera dans *L'Œuvre* le porte-parole de cette esthétique que le romancier partage avec les peintres « actualistes ». La modernité en effet impose au regard ses découpages et ses rythmes inédits : autant qu'à la peinture, Zola doit à la photographie, qu'il pratiquera lui-même à partir de 1894, le sens des visions fragmentaires et des mises au point originales qu'il multiplie sur le monde, alternant les distances focales, passant du net au flou, et du panorama au gros plan ; mais il est surtout sensible au mouvement qu'introduit dans la perception la vitesse des nouveaux moyens de transport. Dans *La Bête humaine*, le paysage se donne ainsi en de brusques instantanés, « un clocher dans les arbres » s'efface à peine entrevu, la campagne défile avec le train et les arbres semblent « tourner sur eux-mêmes », « se tordre », avant de disparaître, tandis que, pour le garde-barrière immobile à son poste, les voyageurs « se noient » et « se confondent » en une vision fulgurante, expressionniste, de visages emportés à toute vapeur.

LES STYLES D'ÉMILE ZOLA

Mais au-delà du regard, c'est la phrase elle-même qui se fait impressionniste : il y a chez Zola un éclatement de la continuité syntaxique en un *pointillisme* qui défait toutes les solidarités habituelles de la grammaire, sépare le sujet, ou le complément, du verbe, privilégie les abstractions nominales pour accumuler les sensations, les détails, les impressions : « Et, au milieu des cris, des coups cadencés, du bruit murmurant de pluie, de cette clameur d'orage [...] *la machine à vapeur*, à droite, toute blanche d'une rosée fine, *haletait et ronflait* sans relâche. » (*L'Assommoir*). Le « grouillement de la foule », le « roulement des omnibus et des fiacres » traduisent au plus près la touche impressionniste qui dissout les êtres en une « poussière humaine », une « mer de chapeaux » (*Au Bonheur des Dames*) ou une « traînée de fourmis » (*Germinal*).

Cependant un romantisme visionnaire continue de hanter l'esthétique zolienne : « J'ai l'hypertrophie du détail vrai, le saut dans les étoiles, sur le tremplin de l'observation exacte, la vérité monte d'un coup d'aile jusqu'au symbole » (lettre à Céard). « La bête accroupie » du Voreux avale ainsi les mineurs de *Germinal* pour nourrir le Dieu Capital au fond de son tabernacle, la lutte pour la vie se livre au Bonheur des Dames dans « un grand bruit de mâchoires » et Nana triomphe sur « un autel d'une richesse byzantine », sur « le lit d'or et d'argent » où elle étale « la royauté de ses membres nus », « dans une religieuse impudeur d'idole redoutée ». Grossissement épique, parodique ou dantesque enlève le monde d'Émile Zola jusqu'au mythe : il retrouve « Achille injuriant Hector » dans « l'ouvrier qui provoque un camarade » (*Nos auteurs dramatiques*) ou « la puissance des temps héroïques » dans les paysans de *La Terre* ; il dessine dans le maigre Florent, chevalier d'illusion, la silhouette d'un Don Quichotte de la Révolution flanqué de son Pansu Quenu, et fait brûler l'enfer de *La Divine Comédie* au fond de la mine.

Les grandes œuvres

LES ŒUVRES DE JEUNESSE

Les Contes à Ninon

COMMENTAIRE

Dans cette œuvre composée à Paris entre 1859 et 1864, Zola, tiraillé entre le rêve et la réalité, commence à se déprendre du romantisme hérité de Musset, de Lamartine ou de Hugo. Dans la structure contrastée du recueil, dédié à Ninon, l'amie fictive, sœur et amante, se lisent, en effet, la nostalgie de la jeunesse provençale, du paradis perdu, et l'acceptation de la vie telle que l'ont révélée les dures réalités parisiennes.

Si « La Fée amoureuse » ou « Simplice » rêvent l'amour pur, loin des compromissions sociales, dans des jardins enchantés qui annoncent « le Paradou », « Le Carnet de danse » réintroduit, face aux bergerades romantiques, la description désabusée, voire satirique, des mœurs d'une coquette, et « Celle qui m'aime » démasque l'illusion de l'amour et de l'idéalisme. Dans « Le Sang » se déchaînent les forces de la violence et Zola prête à quatre soldats les images hallucinées qui hantent ses cauchemars, terreur du « gouffre noir », terreur de la noyade dans le fleuve rouge du sang versé par la haine. Où trouver le sou magique qui donne à « Sœur des pauvres » la joie de soulager la misère ? Parviendra-t-on jamais à transformer les loups en agneaux ? L'échec de la reine Primevère dans « Les Aventures du Grand Sidoine et du Petit Médéric » dit assez la méfiance de Zola pour ceux qui refusent l'homme tel qu'il est, corps et âme. En passant la réalité au crible de modes narratifs différents, conte merveilleux, philosophique ou symbolique, nouvelle ou poème en prose, Zola construit une vision totalisante du monde et fait « habilement succéder les rayons aux ombres ».

La Confession de Claude

COMMENTAIRE

On retrouve la même dualité dans ce roman où Zola transpose les années de misère vécues au Quartier Latin. Vieilles rues, maisons sordides, intérieurs délabrés constituent le cadre de *La Confession*. Le héros, Claude, poète comme Zola, connaît, comme lui, une liaison avec une prostituée, Laurence, flétrie avant l'âge par la débauche, et qu'il tente de ramener à une vie plus saine et plus honnête. Ce thème de la rédemption de la fille publique, si cher aux romantiques (Musset, Hugo), trahit, de même que le lyrisme et l'emphase de l'écriture, l'influence des modèles qui ont marqué l'adolescent.

Les Mystères de Marseille

COMMENTAIRE

Dans ce feuilleton, « œuvre de pur métier et de mauvais métier », Zola inaugure, pour brosser le tableau de la société marseillaise entre 1840 et 1848, le travail d'enquête qui sera le sien dans *Les Rougon-Macquart* et pense déjà les oppositions de classe comme des oppositions biologiques.

Philippe, le républicain avide de réussite sociale, a enlevé la nièce du légitimiste M. de Cazalis. Celui-ci, fort de ses appuis, poursuivra impitoyablement en Philippe le républicain plus que le séducteur, mû par la vanité et par le conflit éternel, voire « naturel », des « races » qu'ils incarnent.

Thérèse Raquin

COMMENTAIRE

Née de l'admiration de Zola pour *Germinie Lacerteux* (1865), le chef-d'œuvre des Goncourt, cette étude de cas, où quinze ans avant la théorie du roman expérimental s'affirme l'écrivain naturaliste, met en scène l'interaction du milieu et des tempéraments dans une intrigue conçue « comme une logique et une clinique des passions, déduites des axiomes de la physiologie » (H. Mitterand). Le type nerveux de Thérèse, le type sanguin de Laurent et le type lymphatique de Camille sont mis à l'épreuve dans l'atmosphère confinée du passage du Pont-Neuf. La nervosité refoulée de Thérèse ne se satisfait ni du fade Camille, ni de la médiocrité boutiquière : sa liaison avec Laurent va lui révéler la passion. Incapables de supporter la séparation, les amants tuent Camille et tentent d'exorciser dans le mariage les obsessions qui les assaillent. Mais la vision cauchemardesque du noyé hantera jusqu'à leurs nuits, aiguisant leur haine, inhibant leur désir. L'éclairage se déplace alors sur l'affrontement de ces deux tempéraments, les nerfs de Thérèse venant à dominer Laurent, ainsi « jeté en plein éréthisme* », en pleine surexcitation nerveuse. La mécanique implacable qui a poussé les deux complices au crime les conduit inexorablement au suicide.

Zola a su peindre, en trois temps, dans toute leur force brutale, l'assouvissement du désir sexuel et le travail du remords considéré comme « un simple désordre organique », comme « une rébellion du système nerveux tendu à se rompre ».

Quelques éléments symboliques incarnent ce remords : le regard horrifié de Mme Raquin, paralysée, témoin muet des scènes de ménage où elle apprend la vérité, la présence du chat, le portrait de Camille qui revient dans tous les visages que peint Laurent, la cuisson de la morsure infligée au criminel par sa victime au moment du meurtre.

Madeleine Férat

COMMENTAIRE

Zola adopte ici le même parti pris « physiologique » que dans *Thérèse Raquin* et analyse une nouvelle situation triangulaire. Madeleine a épousé Guillaume après une liaison avec un étudiant, Jacques. Elle découvre un jour que celui-ci, parti aux colonies où on le croyait mort, n'est autre que l'ami d'enfance de son mari. Le retour de Jacques, toujours vivant, provoque l'aveu de Madeleine. Les deux époux tentent de fuir le passé mais restent obsédés par ce tiers qui ruine leur amour. C'est en effet dans cette œuvre de genèse qu'apparaît pour la première fois la théorie de l'imprégnation que Zola reprendra dans *L'Assommoir* où Nana ressemble à Lantier, le premier amant de sa mère. Ici l'héroïne, qui s'est donnée vierge à Jacques, semble avoir gardé en elle l'empreinte de sa virilité : « Elle se trouvait formée, rendue virile à jamais ». Découvrant avec horreur Jacques en Madeleine, Guillaume ne peut plus la posséder. Il sombrera dans la folie après le suicide de sa femme.

Explorant le thème de la déchéance, le roman propose déjà une vision de la femme infernale, monstre lubrique qui annonce *Nana*. Ainsi, comme l'écrit H. Mitterand, « un véritable cycle de la Femme (avec *La Confession de Claude*, *Thérèse Raquin*, *Madeleine Férat*) a précédé le cycle de la Famille ».

LA SAGA DES ROUGON-MACQUART

C'est à partir de 1868 que Zola entreprend la vaste fresque des *Rougon-Macquart* qui paraîtront en feuilleton puis en volumes, à un rythme régulier, entre 1870 et 1893.

Cette « histoire naturelle et sociale d'une famille sous le Second Empire » peint, dans le cadre historique que vient de refermer le désastre de Sedan, le tableau d'une société, de ses mondes et de ses mœurs, mais aussi de ses angoisses et de ses passions.

Le cadre historique : De la fortune à la débâcle

La Fortune des Rougon

RÉSUMÉ

Depuis que la municipalité, voulant tirer profit du terrain, a violé la paix du cimetière de Plassans, l'aire Saint-Mittre n'abrite plus guère que les amours clandestines. C'est là, au début de décembre 1851, que Silvère attend Marie, dite Miette, sur une pierre tombale au texte prémonitoire : « Cy-gist...Marie...morte... ». Les deux jeunes gens se joignent pourtant aux insurgés du Var contre le coup d'État.

Pendant ce temps, Plassans dort, cloîtrée dans ses remparts, divisée en trois quartiers : le quartier Saint-Marc, noble, le vieux quartier, populeux, et la ville neuve, bourgeoise. Zola, après l'avoir décrite avec l'ironie de Flaubert devant Yonville, adopte une écriture balzacienne pour y introduire ses personnages : « ce fut dans ce milieu particulier que végéta en 1848 une famille obscure et peu estimée ». L'ancêtre,

Adélaïde Fouque, riche héritière de maraîchers installés près de l'aire Saint-Mittre, se marie avec un garçon jardinier, Rougon, qui lui donne un fils, Pierre. Veuve et hystérique, elle prend pour amant un contrebandier, ivrogne et fainéant, Macquart. Deux enfants naissent, Antoine et Ursule. Ainsi se dessinent la branche légitime et la branche bâtarde. Pierre, dépouillant sa mère et spoliant les bâtards, vend l'enclos des Fouque et peut ainsi épouser Félicité Puech, la fille d'un marchand d'huile, qui lui donne cinq enfants, Aristide, Pascal, Eugène, Sidonie et Marthe. La révolution de 48 trouve les Rougon « prêts à violer la fortune », logés « au seuil de la terre promise », dans la rue séparant la canaille des riches.

Félicité réussit à transformer son minable « salon jaune » en salon légitimiste ouvert à tous les conservateurs. Sur les conseils d'Eugène, agent secret bonapartiste, Pierre se vend à Louis-Napoléon et, lorsque les insurgés arrivent à Plassans, caché chez la vieille Adélaïde, il attend son heure. En arrêtant les autorités municipales, les républicains lui laissent les coudées franches : tandis que les insurgés se font massacrer et que Miette meurt sous les balles de la répression à Sainte-Roure, Pierre, avec quarante comparses, s'empare, sans coup férir, de la mairie de Plassans qu'occupent quelques républicains... endormis et arrête Antoine, républicain par envie revancharde.

Pourtant l'héroïsme de Rougon est contesté. Félicité achète alors Macquart : il s'évadera pour entraîner les rouges de Plassans dans un piège ; ils viendront reprendre la mairie apparemment vide et seront accueillis par une fusillade dirigée par le « sauveur » Rougon.

Pour la dynastie, c'est le baptême du sang qui tache à jamais de rouge le nom des Rougon : Pierre, tel Macbeth, garde à ses semelles la marque sanglante du guet-apens ; Félicité a, pour entrer dans « ses Tuileries », voulu la mort du receveur général ; quant à Aristide, il assiste sans intervenir à l'exécution sommaire de Silvère, qui meurt sur la pierre tombale de ses jeunes amours.

COMMENTAIRE

Un roman satirique

La Fortune des Rougon, roman des origines, se veut d'emblée une satire féroce du Second Empire. Le « salon jaune » est en effet une caricature de « la rue de Poitiers » où se réunissait, en 1848, à Paris, le parti de l'ordre, constitué de la droite de l'Assemblée, des légitimistes et des orléanistes. Aucune des deux dynasties n'offrant de prétendant capable d'affronter le suffrage universel, le parti adopte, sur la proposition de Thiers, Louis-Napoléon Bonaparte comme candidat : son manque apparent d'intelligence et de volonté, que partage Rougon, en fait un comparse idéal dont on croit pouvoir se débarrasser le jour venu.

Mais le complice a les dents longues, comme son double grotesque : Rougon s'empare en effet de Plassans comme Louis-Napoléon de la France avec la complicité de son demi-frère (Macquart-Morny). La **proclamation** de Pierre n'est que le dévoiement du texte républicain que préparaient les insurgés, comme la **proclamation** de Badinguet n'est que le dévoiement de la République et mène droit à l'Empire. L'ordre est restauré, la religion aussi, car Vuillet, libraire et journaliste clérical qui hante le salon jaune, retrouve la clientèle du collège comme le clergé, par la loi Falloux, reprend le contrôle des établissements scolaires.

Toutes les manœuvres de Pierre sont calquées sur les stratégies effectives de la droite depuis 1848 : le guet-apens de *La Fortune* reproduit celui dans lequel Barbès et Blanqui étaient tombés en investissant l'Assemblée nationale laissée opportunément sans défense et Morny, comme Rougon, fait grandir le mouvement de protestation contre le coup d'État pour que la répression soit plus étendue.

Quant aux autres personnages du roman, ils n'ont rien d'arbitraire : les braconniers et les contrebandiers tueurs de gendarmes, comme Macquart et Chantegrel, le père de Miette, ne sont bien souvent que le fer de lance d'une guérilla rustique contre une gendarmerie détestée pour les tracasseries incessantes qu'elle impose aux « rouges ». Passionné de lecture, Silvère incarne le légalisme républicain alors que Miette, la chapardeuse, représente l'idéal populaire d'un collectivisme fraternel dont Macquart n'est que la caricature.

Le grotesque coup de force qui livre Plassans au « plus taré de ses bourgeois » est donc une sorte de parodie métonymique* et métaphorique* de l'épopée impériale. Mais cette parodie avait besoin d'un code, c'est la nature même du régime, pensé comme césarisme, qui en donnera l'idée à Zola.

Un triomphe romain

La dynastie des Rougon-Macquart aura sa généalogie et son mythe d'origine, qui constitue un détournement presque carnavalesque de la fondation de Rome. Si Romulus et Remus, fils d'une vestale séduite par Mars, sont recueillis par une louve qui les éduque comme une mère et fait d'eux des héros civilisateurs, Pierre Rougon et Antoine Macquart sont les « louveteaux » pervers qu'une mère humaine abandonne à leur nature pour rejoindre ce « gueux de Macquart » dont le vieux fusil fait un pitoyable dieu de la guerre. « Louve », Tante Dide l'est par son inconduite qui la jette aux bras de ce « loup » (« lupa » signifie « la prostituée » en latin et le loup est l'archétype du mâle sexuellement actif). Dès les origines, ses fils sont prêts pour la curée : « Malheureuse ! je n'ai fait que des loups » s'écrie la pauvre vieille en découvrant leurs crimes. Si Pierre échoue à tuer Macquart comme Romulus avait tué Rémus, en enfermant Plassans derrière les lourdes portes de ses remparts, il reproduit de manière dérisoire et inversée le sillon fragile dont Romulus entourait sa ville pour fonder une culture.

La Fortune des Rougon, ainsi lu à l'antique, apparaît construit avec une remarquable unité. Loin de constituer une rupture dans le texte, la litanie des descendants d'Adélaïde constitue un « topos* » du mythe d'origine, non seulement biblique, mais gréco-latin. Quant aux grotesques qui entourent Pierre, ils ont le compliment cuistre de la « bêtise instruite », digne de *Bouvard et Pécuchet* ou des comices agricoles de *Madame Bovary* : on commente le « prodige » des « sauveurs inconnus qui avaient coupé la tête de l'hydre » ; Rougon ayant arrêté son propre frère, « on parla de Brutus* » : « On eut dit un vieux Romain sacrifiant sa famille sur l'autel de la patrie ». Rougon lui-même, « emporté par un souffle épique », raconte « l'épisode homérique de la glace cassée » (seule « victime » d'un coup de force qui n'avait rencontré aucune résistance) comme « le dénouement de (son) odyssée prodigieuse ». Si Aristide ironise sur « Léonidas aux Thermopyles* », d'autres célèbrent sans rire le « festin de Lucullus* » par lequel Félicité consacre le triomphe de son mari, déifié de son vivant : dans la mairie conquise, « l'odeur de poussière et de vieux papiers » montait « comme un encens à ses narines dilatées, cette pièce, puant les affaires étroites, était un temple dont il devenait le dieu ».

Une seule fausse note dans cette apothéose : Adélaïde Fouque, l'ancêtre dont Pierre voudrait tant effacer le nom, ce nom où résonnent la folie, la foucade sexuelle et même, comme le dit Hamon, dans le hiatus A/I, la fêlure originelle. Adélaïde, cette Tante Dide qui, dans les transes sacrées de son délire, dévoile la vérité du meurtre de son petit-fils, Silvère : « Le prix du sang [...] J'ai entendu l'or [...] Et ce sont eux, eux qui l'ont vendu. Ah les assassins ! Ce sont des loups ! »

Une idylle grecque

C'est que, si Zola retourne contre les pompeux oripeaux dont le pouvoir drape sa médiocrité les armes de la satire antique, il sait aussi, pour parler de la mort et de l'amour, retrouver la grandeur des mythes galvaudés par la fête impériale : *Daphnis et Chloé*, qu'Offenbach avait créé en 1860, rendait cocasse la naïveté des deux enfants devant l'amour. Zola, cherchant dans le peuple la pureté primitive, trouve au contraire dans la pastorale de l'écrivain grec Longus (IIe-IIIe siècles) un modèle : comme Daphnis et Chloé, Miette et Silvère sont recueillis par deux familles voisines ; comme Chloé, Miette est soumise aux inutiles violences d'un grossier prétendant (Justin). Mais, à l'instar du poète antique, Zola décrit surtout l'éveil d'une sensualité, le trouble où les saisons jettent les jeunes gens, l'hiver, à les tenir enfermés dans de minuscules cabanes, l'été, à les livrer aux effleurements du bain.

Pourtant les deux enfants sont préservés du « mal », la nature complice donne à leurs nudités les arborescences des *Métamorphoses** d'Ovide, à Silvère, « le tronc assombri d'un jeune chêne », à Miette, les « tiges laiteuses des bouleaux de la rive ». Mais Zola songe à Platon autant qu'aux poètes : en voyant, à côté de son propre reflet, l'image de Miette dans la demi-lune que dessine au creux du puits mitoyen le mur séparant l'enclos des Fouque et le Jas-Meiffren, Silvère découvre cette « moitié » promise à chacun par le mythe de l'androgyne*. Bientôt, sous la pelisse de Miette, ils ne feront plus qu'un seul être, après que le désir aura conduit leur amour de la caverne humide et sombre où il est né aux lumières froides de la nuit et, de celles-ci au grand soleil de Provence. C'est là qu'ils mourront sous les balles de la répression, secrètement attirés par les vieux morts de l'aire Saint-Mittre.

La Débâcle

RÉSUMÉ

Maurice Levasseur, jeune « intellectuel » et engagé volontaire lors de la guerre de 1870, se retrouve sous les ordres du caporal Jean Macquart, un simple paysan. Entre eux d'abord, « l'inimitié d'instinct, la répugnance de classe ». Mais Jean parvient, par sa seule force morale, à mater la mutinerie qui couve dans son escouade. Dès lors une amitié héroïque unit les deux hommes qui, au milieu des égoïsmes exacerbés par les souffrances, parviennent à l'oubli d'eux-mêmes, chacun risquant sa vie pour sauver celle de l'autre. Prisonniers après la défaite de Sedan, ils parviennent à s'enfuir et, tandis que Jean, blessé, se cache, Maurice rejoint Paris assiégé. Lorsque Jean reprend du service, il participe à la répression de la Commune et, « sous la poussée furieuse du destin », il cloue Maurice sur une « barricade, d'un coup de baïonnette ».

COMMENTAIRE

De la fortune à la débâcle : une dérive idéologique

De *La Fortune des Rougon* à *La Débâcle*, du coup d'État du 2 décembre 1851 à la déchéance de l'Empire et à la Commune de Paris, tel est le cadre historique où se déploieront *Les Rougon-Macquart*. *La Fortune* inaugurait « la curée » et, dans le festin du triomphe, on croyait entendre les fantoches d'Offenbach chanter « on va s'en fourrer, fourrer jusque-là ». *La Débâcle* déclinera au contraire les litanies de la faim du soldat jamais rassasié, toujours obligé de lever le camp au beau milieu de la soupe tandis que passe et repasse, dans l'effarement des combats, la « maison de l'empereur » avec « tout son service de bouche », « ses cuisiniers, ses marmitons, [...] ses fourgons de casseroles d'argent et de vin de Champagne », toute cette pompe pour un homme malade « qui ne peut même plus manger ».

Curieusement, c'est un massacre qui clôt les deux romans : l'exécution de Silvère à l'aire Saint-Mittre semble prémonitoire de la mort des Fédérés mitraillés au cimetière du Père Lachaise. Cependant l'attitude de Zola face à la révolution a bien changé et c'est lui maintenant qui, à l'instar du sinistre Vuillet qu'il mettait en scène dans *La Fortune*, fait preuve « d'une violence inouïe contre les insurgés ». C'est lui maintenant qui voit dans les communards des bandits « ivres d'eau-de-vie, de luxure et de pillage ». Cette « monstrueuse fête de Babylone en flammes » est en effet pour Zola le résultat d'un long détraquement : le siège a tué la vie sociale, « aucun travail, aucune affaire ». « Paris, alcoolisé, tombait à [...] une vie d'absolue paresse » où la liberté « achevait de tout détruire ». Les chefs sont d'ailleurs « d'une grande médiocrité » et Maurice, qui assume ici le point de vue de Zola, sent la Commune « incapable [...] incohérente et imbécile ». Tous les poncifs anti-communards sont là : Chouteau, le mauvais ouvrier de Montmartre, veule et lâche, « installé au palais de la

Légion d'Honneur, vit là en compagnie d'une maîtresse dans une bombance continuelle, [...] déménageant des ballots de linge volé, des pendules et jusqu'à des meubles ». Maurice lui-même disqualifie alors la Commune à laquelle il croyait : « L'œuvre pouvait donc être mauvaise, qu'un tel homme en était l'ouvrier ? »

La psychologie et la bio-politique du docteur Zola

Il y a là une véritable dénégation du politique par le psychologique : Maurice est un déclassé, un intellectuel dont les souvenirs historiques brouillent le jugement : « le lettré en lui » ne voit dans la Commune que « des villes libres et triomphantes ». Ce qui lui a manqué, c'est une autorité capable de corriger son « tempérament faible et exalté ». Comme Macquart, le révolutionnaire grotesque de *La Fortune* dont le nom évoque le « maquereau », Maurice se fait entretenir : « sa famille s'était saignée aux quatre veines, [...] le père en était mort », sa sœur, véritable Cendrillon, « s'était dépouillée » tandis qu'il jetait l'argent « au feu, aux femmes, aux sottises de Paris dévorateur ».

En face de Maurice, Jean incarne le bon sens de la nation française, il est « du pays de la raison, du travail et de l'épargne », toutes qualités qui lui viennent de l'enracinement dans la terre.

Les massacres des Versaillais sont justifiés par cette opposition des tempéraments et donc occultés en tant que tels : « C'était la partie saine de la France, la raisonnable, la pondérée, la paysanne, celle qui était restée le plus près de la terre qui supprimait la partie folle, exaspérée, gâtée par l'Empire, détraquée de rêverie et de jouissance ». C'est dans la bouche même de Maurice, comme dans la pire des littératures anti-communardes (on retrouverait le même procédé dans *Les Contes du Lundi* de Daudet), que Zola place la condamnation de la Commune : « Mon vieux Jean, tu es le simple et le solide, Va ! [...] rebâtis la maison ! [...] Moi, tu as bien fait de m'abattre puisque j'étais l'ulcère collé à tes os. »

C'est, par-delà la dénégation psychologique, une dénégation biologique du politique. Le darwinisme explique à la fois la guerre et la Commune : « la guerre est la loi même de la vie [...] renaissant toujours jeune de la mort » par « la victoire du plus digne ». Or Maurice est littéralement dégénéré, « redevenu un être d'instinct, retourné à l'enfance » par cette « dégénérescence de la race qui expliquait comment la France victorieuse avec les grands-pères avait pu être battue avec les petits-fils ». Dès lors, l'horreur de la répression se mue en une aurore radieuse de printemps : « C'était le rajeunissement de l'éternelle nature, [...] l'arbre qui jette une nouvelle tige puissante, quand on a coupé la branche pourrie, dont la sève empoisonnée jaunissait les feuilles. »

Le rapprochement du roman des origines et du roman de la chute permet de mesurer l'évolution idéologique de Zola dont il faut au moins nuancer le socialisme.

« Le personnel du roman »

Mais le rapprochement n'est pas moins intéressant sur le plan formel. Dans *La Fortune*, en effet, Zola avait choisi de transposer les événements de 1851 dans un espace de fiction ; dans *La Débâcle* au contraire, c'est l'Histoire elle-même qui entre dans le roman, comme objet du récit et non pas comme son horizon de vraisemblance. Or cela ne va pas sans imposer des contraintes qui entraînent une mécanisation de ce que P. Hamon, reprenant une expression même de Zola, appelle le « personnel du roman ». La fiction n'a en effet d'autre rôle que d'assurer la possibilité de la description en motivant les personnages, « fonctionnaires de l'énonciation réaliste », à exécuter leur « cahier des charges » : distribuer l'information rassemblée par le travail de documentation du romancier, donner à voir de manière exhaustive l'événement ou le milieu, et l'interprétor.

Zola multiplie ainsi les épisodes secondaires qui introduisent les descriptions ambulatoires du champ de bataille : l'amour guide Henriette partant à la recherche de son mari Weiss, ou Silvine en quête du cadavre d'Honoré. Zola le disait lui-même, *La Débâcle* ne doit « pas être un roman » mais une « promenade à travers le siège et la Commune ». L'artifice du « voyeur attentif » complète cette perspective itinérante : muni d'une lorgnette comme Bismarck ou Delaherche, le bourgeois soucieux pour ses affaires pendant le siège, il permet d'alterner le panorama (à l'œil nu) et les vues de détail (à la lunette). Pour les vues fugaces, certains décors seront privilégiés : une porte « brusquement ouverte » livre à Maurice le spectacle d'une « tablée d'écuyers [...] en train de vider les bouteilles », une fenêtre éclairée découpe « l'ombre de l'empereur ».

Si le « regardeur attentif » est le porte-vue du roman naturaliste, le « technicien affairé » est son « porte-outil » : il met en scène un travail, décomposant systématiquement ses opérations et « dramatisant » son vocabulaire spécifique.

Zola nous montre ainsi les artilleurs à la besogne ; il articule chacun de leurs gestes élémentaires (précisément nommés) à une partie de la pièce (précisément nommée) : « les deux servants de la bouche, après avoir introduit la gargousse, la charge de poudre enveloppée de serge, qu'ils poussèrent [...] à l'aide du refouloir, glissèrent [...] l'obus, dont les ailettes grinçaient le long des rainures. Vivement, l'aide pointeur, ayant mis la poudre à nu d'un coup de dégorgeoir, enfonça l'étoupille dans la lumière. Et Honoré voulut pointer lui-même ».

Il faut encore, pour assurer la lisibilité du roman, un porte-parole : le « bavard volubile » sera chargé de l'interprétation, ou, comme l'écrivait le poète Gustave Kahn en 1892, de la « conscience du livre » : « C'est Weiss, l'Alsacien clairvoyant, expliquant devant les feux de bivouac la puissance de l'Allemagne, et [...] la conduite peu active de la France », ou bien les soldats rencontrés par Maurice à l'auberge de Reims racontant la défaite de Froeswiller, ou encore Maurice lui-même, dans un monologue intérieur, plus lucide que les généraux, anticipant sur le désastre : « Maurice maintenant croyait tout comprendre ».

Bref, le système des personnages apparaît comme un vaste porte-fiches ventilant l'information réunie dans les dossiers préparatoires.

Écrire la guerre

On ne saurait cependant réduire l'écriture naturaliste à la logique d'un fichier. Pour écrire la guerre, Zola emprunte à la culture populaire ses procédures de lisibilité et ses modèles de pathétique : comme dans un feuilleton à la Eugène Sue, et contre toute vraisemblance, les personnages ont entre eux des rapports familiaux ou professionnels, et certains épisodes font référence au répertoire de la chanson mélodramatique (la mort héroïque de Gaude sonnant au ralliement dans la mort même est celle du « Clairon » de Déroulède). Mais *La Débâcle* est avant tout une transfiguration du réalisme par le mythe.

Impitoyable pour Napoléon III dans sa gloire usurpée, Zola est charitable pour l'homme déchu cachant sa souffrance sous le fard qui, tel un dérisoire Christ aux outrages, est affublé des marques grotesques de sa royauté, « condamné à traîner derrière lui l'ironie de sa maison impériale, toute la pompe de son manteau de cour, semé d'abeilles, balayant le sang et la boue des grandes routes de la défaite ». Les étapes de son périple sont autant de stations d'un chemin de croix, un calvaire pathétique ponctué des apparitions de sa « face maudite » imprimant son ombre sur le voile des rideaux tandis que résonne l'ordre de l'impératrice : « Marche ! marche ! » Sacrifié aux intérêts de la dynastie avec toute son armée, Napoléon III est aussi une nouvelle incarnation du Juif errant qui, pour avoir refusé à Jésus le repos au seuil de sa porte, est condamné à marcher pour l'éternité sans espoir d'être délivré par la mort. Et c'est bien cela la malédiction : « Il marchait, il poussait son cheval » au milieu des obus mais la mort « passait, sans vouloir ni de la bête ni de l'homme ». Il marchera ainsi jusqu'au « Jugement Dernier », cette gravure qui, dans la chambre d'hôtel de sa première nuit d'exil, le replonge au cœur du cauchemar : « un appel furieux des trompettes des Archanges [...] faisait sortir de la terre tous les morts, la résurrection du charnier des batailles montant témoigner devant Dieu ». On est loin ici des platitudes du documentaire.

Une esthétique du fragment

C'est le fantastique qui donne en effet son unité à *La Débâcle*. En photographe obsessionnel, le romancier multiplie les distances focales, les points de vue sur la guerre, en quête d'une réalité qui se dérobe. Lors du premier engagement, Maurice et Jean, plaqués au sol, ne voient ainsi qu'un gros plan insolite, des têtes de choux dont les feuilles « retenaient des gouttes [...] d'un éclat de gros brillants ». A l'opposé, le regard éloigné de Delaherche ou de Bismarck déréalise le conflit : « c'était bien le roi de Prusse [...], un de ces minuscules soldats de plomb des jouets d'enfant » ; celui-ci regarde à l'œil nu « les villages, frais et vernis, pareils aux fermes des boîtes de jouets [...]. Et la bataille atroce, souillée de sang, devenait une peinture délicate, [...] sous l'adieu du soleil ».

Bref, le réalisme « presbyte » des chefs (et, notons-le, de la peinture d'histoire) ne vaut pas mieux que le réalisme « myope » des soldats. Seul le fantastique est à la mesure des horreurs de la guerre, cette « main livide » frottant contre la roue d'un tombereau charriant les morts et qui « peu à peu s'usait, écorchée, mangée jusqu'à l'os », cette mise en scène macabre de cadavres « les regards vitreux, les bouches ouvertes », installés en cercle « autour d'un guéridon [...] en moquerie de la vieille gaieté française », cette moisson surréaliste des « débris d'armes, des sabres, des baïonnettes, des chassepots » qui semblaient sortir du sol en une monstrueuse « végétation », ces charges de chevaux perdus qui hantent la fin du roman de leur leitmotiv obsédant.

Seul le kaléidoscope de ces visions fragmentaires pouvait dévoiler la vérité d'une guerre qui découpe et désarticule : le charnier de l'ambulance où l'on jette pêle-mêle les membres amputés, réplique hallucinatoire de la sculpture académique qui, elle aussi, met « le corps en morceaux », est comme l'emblème zolien d'une esthétique de la guerre.

Mais cette débâcle n'est que « le dénouement terrible et nécessaire » de la frénésie impériale jetant la société entière à la « soif de jouir » et à la curée.

Les appétits lâchés

La Curée

RÉSUMÉ

Aristide Rougon, compromis à Plassans pour avoir affiché des opinions républicaines, monte à Paris avec sa femme Angèle Sicardot, bien décidé à prendre sa part de la curée impériale. Avec l'aide de son frère Eugène, il est embauché à la Ville dont il surprend les projets immobiliers : les expropriés de l'Haussmannisation toucheront de confortables indemnités. Encore faudrait-il être propriétaire ! La mort d'Angèle et les offres de sa sœur Sidonie, entremetteuse louche, en donnent l'occasion à Aristide : il épousera Renée Béraud du Châtel, jeune bourgeoise de vieille famille, qui, enceinte d'un homme marié, cherche à « acheter » un époux. Rougon, devenu Saccard, empoche ainsi 200 000 F. La dot comprend des terrains expropriables. Voilà sa fortune faite. Il jette Renée dans le monde où toilettes et bijoux somptueux ouvriront pour lui les portes du crédit. Mais la raison de la jeune femme se détraque au milieu des vanités mondaines. Tombée à l'inceste avec Maxime, le fils de Saccard, elle meurt d'une méningite après le mariage de son amant avec une jeune poitrinaire richissime.

COMMENTAIRE

Faire la part respective de la « race », du « milieu » et du « moment » dans « l'état moral » d'une époque, tel était le pari d'une critique formée à l'école de Taine, telle sera l'ambition de l'auteur de *La Curée* : « J'ai voulu montrer l'épuisement prématuré d'une race [...] qui aboutit à l'homme-femme des sociétés pourries ; la spéculation furieuse d'une époque [...], le détraquement nerveux d'une femme dont un milieu de luxe et de honte décuple les appétits natifs. » Mais le déterminisme scientiste méconnaît le « tempérament » de l'observateur et c'est leur synthèse, dans une œuvre « d'art et de science », qu'annonce la Préface.

La curée impériale et l'alchimie de l'Haussmannisation

La curée, que l'on retrouve brodée sur l'une des plus extravagantes toilettes de Renée, est emblématique de l'Empire : « C'était l'heure de la curée ardente [...]. Les appétits lâchés se contentaient enfin, dans l'impudence du triomphe. » Les assassins de la République portent haut la marque sanglante de l'allali : l'écharpe rouge du grand cordon « éclabousse toute la poitrine du Prince », comme « la tache rouge du ruban de la Légion d'Honneur », celle de Saccard, complice de l'exécution de Silvère à Plassans.

Converti de dernière heure au coup d'État, Aristide, qui a pris le nom de Saccard parce qu'« il y a de l'argent dans ce nom-là », participe à « la grande chasse impériale ». C'est avec un enthousiasme de Rastignac crapuleux qu'il s'empare de Paris du haut de la butte Montmartre, découpant dans le vif de sa « proie géante » le tracé des nouvelles artères : « de sa main tendue, ouverte et tranchante comme un coutelas, il fit signe de séparer la ville en quatre parts [...] crevant Paris d'un bout à l'autre ». Une grande partie du Paris historique est ainsi condamnée, ce vieux Paris où Renée viendra se purifier de la faute et que symbolise l'hôtel Béraud, bâti au XVIIe siècle, « avec son air vénérable, sa sévérité bourgeoise, dormant solennellement dans le recueillement du quartier ».

Déjà, on entend les coups de pioche des maçons du baron Haussmann : « Plus d'un quartier va fondre, prophétise Saccard, et il restera de l'or aux doigts des gens qui chaufferont la cuve. » Dans le creuset de l'alchimiste, le métal vil se transforme en or : Saccard achète à sa femme, grâce à un prête-nom, des immeubles voués à l'expropriation ; il en gonfle la valeur en les revendant de plus en plus cher à des hommes de paille successifs et s'enrichit d'autant plus facilement qu'il fait partie de la commission d'enquête fixant les indemnités.

Mais, en attendant de puiser aux sources de ce fleuve d'or, c'est avec la joie mauvaise du parvenu pressé d'éliminer les élites anciennes que Saccard repère « certains hôtels de la rue d'Anjou » qui « n'ont plus que trois ou quatre ans à vivre ». Bientôt, la ville sera transparente, « d'admirables voies stratégiques [...] mettront les forts au cœur des vieux quartiers », conjurant le danger insurrectionnel. Bientôt les ouvriers, anesthésiés par les grands travaux, seront repoussés vers les faubourgs. L'empire pourra alors offrir au monde le spectacle de son opulence, faire danser l'or et l'argent comme dansent « les joyaux » du tableau vivant que M. Hupel de la Noue a composé pour les hôtes de Saccard triomphant.

Le roman est en effet scandé de mises-en-abyme* : sur un théâtre improvisé, le poète d'occasion « enchante l'imagination des dames et des financiers » par une allégorie* éblouissante : sur « un écroulement de pièces de vingt francs », le dieu de la richesse, Plutus, est là dans une robe étincelante de métaux précieux. Autour du dieu scintillent ses « efflorescences féériques » costumées d'or, d'argent, de saphir, de turquoise, d'émeraude, de topaze ou de corail.

La fête impériale
ou les parisiens de la décadence

Dans la valse des millions empruntés pour l'haussmannisation, Paris devient un **décor** pour la **parade** des parvenus et le déploiement ostentatoire des signes de leur richesse, « les livrées éclatantes perchées en plein ciel et les toilettes riches débordant des portières » au bois de Boulogne. Dans ce temple de l'**artifice**, les deux îles, avec « les lignes théâtrales de leurs sapins », semblent « un décor fraîchement peint », d'un « air d'adorable fausseté », et c'est avec toute son ambiguïté qu'il faut comprendre le « feu d'artifice architectural » de l'hôtel Saccard, avec « ses glaces mises là pour étaler au dehors le faste intérieur » et son « style Napoléon III, ce bâtard opulent de tous les styles ».

Dans ce décor d'opérette, les grandes bourgeoises côtoient les cocottes et c'est après s'être ainsi « déclassée » au bal de Blanche Muller que Renée va se laisser entraîner au Café Riche, comme une simple « soupeuse ». Or, la fenêtre du cabinet est ouverte : « une ivresse, une langueur montaient des profondeurs du boulevard », pénétrant Renée de la musique lascive du pavé de Paris, chauffant ses désirs, étouffant sa volonté. Même espace de confusion dans la chambre : « il semblait que le lit se continuât, que la pièce entière fût un lit immense ». C'est que l'espace n'est pas un simple décor, il est **actant** romanesque, destinateur dictant au sujet ses désirs, parce qu'il est **milieu**, causalité extérieure jouant sur les déterminations du tempérament.

Renée, en effet, ne sait pas d'abord quel objet donner à ce désir vague qui sourd de son ennui. Ayant goûté à « toutes les pommes », elle veut « autre chose », et c'est le Bois qui lui souffle l'idée d'inceste. Lassée de la banalité de simples amours « mortelles », elle y découvre « une de ces clairières idéales au fond desquelles les anciens dieux cachaient leurs amours géantes, leurs adultères et leurs incestes divins ». C'est que la jeune femme a été bercée par « l'antiquaille » égrillarde d'Offenbach (elle s'enhardira bientôt à imiter Blanche Muller dans son rôle de la Belle

Hélène), pervertie par l'académisme des pompiers : *Les Romains de la décadence*, gigantesque toile de Thomas Couture, modèles de ces « Parisiens de la décadence » qui s'enivrent à sa table, soufflent à son imagination « des choses prodigieuses, des festins antiques, [...] avec des créatures couronnées de roses, des coupes d'or, des voluptés extraordinaires ». Mais, à vouloir s'égaler aux dieux, elle tombera à la débauche vulgaire, « au partage de deux hommes », le fils et le père.

L'inceste n'a pas d'autre cause : « leur faute avait poussé [...] sur le fumier gras de sucs équivoques » qui produit « l'homme-femme des sociétés pourries ». Louise de Mareuil a « l'air d'un garçon déguisé en fille », Sidonie est « d'un hermaphrodisme* étrange », Maxime se laisse travestir en fille et Baptiste, le maître d'hôtel, séduit les garçons d'écurie. Cette équivocité est la clef de la faute : Renée, masculine, avec « ses petites bottes d'homme », son « binocle d'homme », s'entoure de lesbiennes tandis que Maxime a l'air féminin « des demoiselles de collège », « la taille mince, le balancement des hanches d'une femme faite ». L'inceste se double ainsi d'une homosexualité latente. Au Café Riche, Maxime prend Renée pour « un grand jeune homme », dans la serre, il devient une « grande fille » dans ses bras : « Renée était l'homme ».

Miroirs

Il y a là une perversion narcissique* du désir : si, au collège, Maxime se faisait « des mines » pendant « des heures entières » devant son miroir, le cabinet de toilette de Renée est comme « la Galerie des glaces ». Là encore, les tableaux vivants de la fête donnent la clef des amours perverses des jeunes gens : « Le beau Narcisse, couché sur le bord d'un ruisseau [...] se regardait dans le clair miroir [...]. Il devenait fleur [...]. À quelques pas, la nymphe Écho [...] se mourait de désirs inassouvis. »

Ainsi, ce que Renée admire dans la glace n'est qu'un « écho », la vaine répétition des mots que d'autres ont prononcés. C'est dans le miroir du Café Riche, « criblé d'aveux étonnants », qu'elle lit la vérité de son désir, « J'aime Maxime ». C'est dans le miroir qu'elle se découvre nue comme « une grande poupée [...] faite pour des amours de pantins » alors que Saccard, témoin de l'inceste, vient de lui extorquer l'acte de cession d'une propriété convoitée : « Et, dans l'ombre bleuâtre de la glace, elle crut voir se lever les figures de Saccard et de Maxime [...], vit que Saccard l'avait jetée comme un enjeu [...] et que Maxime (avait) ramassé ce louis tombé de la poche du spéculateur (qui) la tordait dans les flammes de sa forge [...] pour dorer le fer de ses mains. »

Le thème du miroir est d'une grande richesse symbolique : symptôme de vanité, complice de l'exaltation narcissique* du moi (comme cet album de photos que feuillettent les amants), le miroir est aussi le lieu de l'inversion (au sens où Maxime et Renée sont des invertis) et l'espace de transparence où se dévoile le **sens**. Ambivalent, il est hiéroglyphe de vérité, mais aussi outil du diable, miroir oraculaire d'où émergent les visions infernales de Renée, à mi-chemin des révélations et des « fallacies », ces évocations spectrales dont les alchimistes, tel Nostradamus, avaient le secret. Renée opère ici une véritable conversion spéculaire*, traverse enfin le monde des apparences, elle qui n'existait que dans le regard de l'**autre**, le regard glacé de Baptiste, le regard enfiévré de désir de l'empereur aux Tuileries.

Mais, par delà sa fonction sémantique*, le miroir assume encore une fonction structurale : les spectacles auxquels assistent les amants, comme le miroir des peintures flamandes du XVe siècle, répètent le drame en abyme* : « Parisiens de la décadence », Maxime et Renée jouent comme une vulgaire opérette d'Offenbach la grande tragédie de Phèdre qu'ils applaudissent au théâtre ; bientôt la mort viendra pétrifier Renée-Écho et les jambes de Maxime-Narcisse seront prises de paralysie.

« Une peinture vraie »

Mais la **serre** est le plus riche symbole de cette œuvre « d'art et de science » qu'est *La Curée*. Pénétrant dans « le rut de la serre », les amants sont pris d'un « éréthisme* nerveux extraordinaire ». Zola est en effet convaincu de la fonctionnalité respiratoire de la peau par les expériences démontrant l'asphyxie d'animaux enduits de goudron ou de vernis. Tout un réseau d'échanges gazeux s'opère entre le vivant et son **milieu**. Respirant l'odeur de la serre par tous les pores de leur peau, les jeunes gens sont empoisonnés, dépravés par ce parfum que les moralistes, voire les médecins, accusent de provoquer l'efféminisation masculine et l'hystérie féminine. Volatile, fugace, le parfum est en effet symbole de dissipation, inverse des vertus bourgeoises d'épargne et de travail. La serre est un philtre de perversion comme la feuille toxique du « tanghin » que Renée mordille en répondant à l'énigme de son désir devant le Sphinx.

Mais le déterminisme est illustré par tout un jeu de métamorphoses et de métaphores où s'exprime le « tempérament » artiste du romancier. Si les plantes se nouent les unes aux autres dans un « spasme d'amour », Renée se déshumanise dans la confusion végétale : « sa bouche s'ouvrait [...] avec l'éclat avide et saignant de l'Hibiscus de la Chine [...]. Ses baisers fleurissaient et se fanaient, comme les fleurs rouges de la grande mauve, qui durent à peine quelques heures, et qui renaissent sans cesse, pareilles aux lèvres meurtries et insatiables d'une Messaline* géante ». Près du bassin aux nymphéas, les racines aériennes tressant « des filets de pêcheur pendus au grand air » évoquent une estampe d'Hokusaï ; japonisantes encore, les « lames de vieille laque vernie », les « ébauches de monstres » aux « membres infirmes » qui trempent dans l'eau du bassin tandis qu'au dehors « des bouquets d'arbres aux fines découpures noires » donnent à l'hiver des « délicatesses de gravures japonaises ». Cet exotisme onirique, comme les mises en page hardies des descriptions du boulevard vu du haut du Café Riche (les kiosques à journaux, écrasés par la perspective, semblent de « grandes lanternes vénitiennes ») sont aussi un manifeste contre l'esthétique pompeuse du Second Empire où les parisiens de l'haussmannisation jouent les Romains de la décadence.

Le Ventre de Paris

RÉSUMÉ

Évadé du bagne, Florent arrive aux Halles dans la charrette d'une maraîchère et retrouve son frère, Quenu, marié à Lisa Macquart. Le destin des deux frères est en tout point opposé : trouvé avec le sang d'une morte sur les mains après que les soldats du coup d'État ont tiré sur la foule, le MAIGRE Florent a été arrêté comme un dangereux opposant. Le GRAS Quenu a hérité de la charcuterie de son oncle Gradelle, dont Lisa a découvert le trésor, et seul le poids de l'or a pu mettre en désordre le lit où ces boutiquiers à la chair tranquille ont consommé leurs noces symboliques. Employé aux Halles comme inspecteur de la marée, Florent devient l'enjeu des rivalités de la Belle Normande, la poissonnière, et de Lisa. D'une timidité qui confine à l'impuissance, Florent, souffre-douleur des marchandes, reste sourd aux avances de la Belle Normande. Surveillé par les mouchards Lebigre, le patron du cabaret, et Logre (l'ogre qui excite ses folies socialistes), dénoncé par les commères, les marchandes et par Lisa elle-même, il tombe dans le piège que lui tend la police. Le quartier réconcilié peut alors retourner à sa paix : la Belle Normande, qui a épousé Lebigre, peut enfin, de son comptoir, faire pendant à la grasse Lisa. Seul ami de Florent, le peintre Claude tire la morale du roman : « Quels gredins que les honnêtes gens. »

COMMENTAIRE

Les halles ou l'encyclopédie enchantée

Le naturalisme, en tant qu'il vise à l'exhaustivité, est indéniablement l'héritier du projet encyclopédique du XVIIIe siècle dont les Halles semblent déployer dans l'espace le modèle livresque. Leurs pavillons, leurs quartiers, leurs étals et leurs bancs articulent de manière sensible, visible, la logique des taxinomies*, des classifications botaniques et zoologiques, la classe, l'ordre, la famille, le genre, l'espèce. Légumes, fruits, herbes, fleurs, gibier, volailles, viandes, poissons, fromages même, tous abrités dans l'arche, déclinent les infinies variations de la création. Au pavillon de la marée, « deux viviers circulaires, séparés en cases distinctes par des grilles de fonte » isolent les poissons d'eau douce les uns des autres, comme « les plateaux d'osier » les poissons de mer. Espace de clarté théorique, les Halles sont aussi un modèle de cloisonnement prophylactique*. Constamment aérées, lavées « à grande eau » par le « ruissellement des jets », elles conjurent le danger d'envahissement par la boue et la puanteur des déchets tandis que le clivage des activités assure la transparence sociale de la cohue : resserres ou lieux d'abattage sont au sous-sol et les lieux de vente, au rez-de-chaussée, respectent la hiérarchie des « grandes revendeuses », des « marchandes des rues », des « vendeuses au petit tas », voire des simples bourgeois.

L'architecture des Halles est donc parfaitement disciplinaire, au double sens de la discipline : activité théorique et ordre répressif, conjugués dans le **regard** omniprésent des inspecteurs parcourant inlassablement le réseau des rues couvertes, des allées, pour vérifier la qualité sanitaire de la marchandise et régler les différends entre vendeurs et clients, assurant la descente régulière de l'ordre de cet organisme géant jusque dans ses ultimes ramifications.

Modèle d'hygiénisme, les Halles semblent réaliser les utopies politiques que l'âge classique rêvait pour enrayer la peste : un espace clôturé, conjurant les contagions par un strict quadrillage, par un découpage méticuleux isolant quartiers, rues, maisons et où chacun, chaque jour, devait répondre à l'appel d'un inspecteur en se montrant à sa fenêtre. Les Halles de Baltard défont ainsi la confusion « médiévale » du marché des Innocents où les vivants côtoyaient les morts : le cimetière des Innocents n'a été fermé qu'à la fin du XVIIIe siècle et les commerces s'abritaient sous les « charniers » qui portaient leur nom. Mais le pêle-mêle scandaleux des vivants et des morts est solidaire de toutes les illégalités : terre d'asile, le cimetière attire les hors-la-loi ; les rues de la Grande et de la Petite-Truanderie, la rue Pirouette, si prisées de ces brutes attardées dans le Paris moderne que sont Cadine et Marjolin, en portent témoignage.

On comprend alors l'enthousiasme « épistémologique* » de Zola : les Halles fonctionnent comme un opérateur de savoir fascinant pour le naturaliste. Les énumérations, les « descriptions lexicographiques » où chaque être décline son identité déploient les catégories d'un dictionnaire raisonné où se lit l'ordre du monde.

« Ceci tuera cela »

Mais un enjeu esthétique redouble cet enjeu théorique : « Tout le carnaval de l'ancien marché des Innocents se trouvait enterré à cette heure ; on en était aux Halles centrales, à ce colosse de fonte » où tiendraient « tout le Moyen Age et toute la Renaissance », comme le dit Claude Lantier « par manière de défi ».

Si le « portail latéral de Saint-Eustache » apparaît au peintre comme « encadré sous ce vaisseau immense de gare moderne », c'est en effet que Zola veut défier le vieux maître romantique qu'est Hugo. *Le Ventre de Paris* est un anti *Notre-Dame de Paris*. Le « ceci tuera cela » par lequel Claude prophétise que « le fer tuera la pierre » est directement emprunté à Hugo, et Zola, dans une conception très darwiniste de l'histoire de l'art, ne doute pas que « l'art moderne, le réalisme, le naturalisme [...] tuera le romantisme ». *Le Ventre* absorbe *Notre-Dame*, s'en nourrit pour le dépasser, le digère comme les gras dévorent les maigres. Zola n'a-t-il pas fait des Halles une cathédrale moderne, opposé les toitures et les dentelles de fer aux courbes élancées des ogives, transposé dans Marjolin le Quasimodo de Hugo, remplacé les panoramas grandiloquents de Hugo par les vues fragmentaires de l'impressionnisme ?

Le romantisme est condamné et la défaite de Florent est aussi celle de l'idéalisme hugolien, de cette « humanitairerie » rêveuse qui se paye de mots : Florent, qui est entré « dans la république comme les filles désespérées entrent au couvent », prônant « le baiser fraternel » au « monde entier », n'est capable que d'aligner des phrases creuses sur le cahier d'écriture du petit Muche et de refaire le monde dans un bistrot. L'amour rêvé pour l'inconnue au chapeau rose, le refus pathologique du sexe (nouveau saint Antoine, Florent « croyait à quelque tentation surhumaine [...], perdu dans un cauchemar de filles aux appâts prodigieux, qui l'entouraient d'une ronde inquiétante »), la tendance à projeter ses émois dans le spectacle de la ville (il « regardait, du haut de sa mansarde, les toitures des halles [...] comme des lacs endormis, vision vague du bord de mer » de son exil), tous ces éléments font de Florent l'incarnation de ce romantisme que va balayer le naturalisme, capable de faire, comme Claude, comme Zola, une œuvre d'art avec un étal de charcuterie.

La cuisine du sacrifice

Le forçat hugolien incarne la volonté de puissance. En faisant entrer Florent dans Paris « couché sur un lit de légumes », comme on sert un morceau de viande entouré de sa garniture, Zola détrône le héros romantique. Dans l'espace protégé des Halles, Florent est un intrus, à jamais « marqué » par l'exil. Si les pavillons de Baltard reproduisent le quadrillage disciplinaire des villes pestiférées, l'opposition binaire des gras et des maigres, des « honnêtes gens » et des « gredins », fait de Cayenne une sorte de léproserie. Rêvant d'une communauté pure, le Moyen Age faisait jouer contre les lépreux des rituels d'exclusion, condamnant ceux-ci à pourrir ensemble, dans un pêle-mêle indifférent aux bien portants, préoccupés seulement du partage entre la santé et la maladie, entre le bien et le mal. Reprenant le même rêve, le pouvoir bonapartiste condamne les « proscrits » à la déportation : envoyé « de l'autre côté de la mer (avec) quatre cents forçats, (Florent) dut vivre [...] au milieu de ces bandits, [...] mangeant à leur gamelle ». Rien n'est prévu ici pour défaire les dangereuses confusions, l'enfermement des prisonniers à l'île du Diable suffit à purifier Paris : « on les laissa libres de faire ce qu'ils voulaient » et de pourrir ensemble en mangeant « du riz plein de vers et de la viande qui sentait mauvais ».

En franchissant la ligne de démarcation qui partage le monde des maigres de celui des gras, Florent transgresse l'interdit majeur qui frappe le lépreux symbolique ; il introduit l'immondice dans l'espace sanitaire des Halles et de la charcuterie. Signe visible de cet interdit, Lisa est là « sur le seuil [...] tenant toute la largeur de la porte ». Derrière son éternel sourire, la « barre à dents de loup » d'où pendent les viandes clame qu'on ne saurait impunément profaner la « chapelle du ventre » dont elle est l'idole. Bientôt Lisa s'impatientera de la boue que Florent traîne à ses souliers ; elle se prendra de dégoût pour cet homme « nourri de choses immondes », de « saletés [...] tout à fait déshonorantes pour celui qui les avait mangées ». Comme le lépreux, Florent est frappé d'indignité morale par son état physiologique : pour Lisa, comme pour l'imaginaire mythique, un régime alimentaire définit une essence : le mange-pourri, capable de rester « trois jours sans manger, était pour elle un être absolument dangereux » ! Il est d'ailleurs hautement symbolique que Florent raconte les tortures de la faim en contrepoint de la fabrication du boudin car les bien nourris trouvent dans leurs satisfactions de ventre des brevets d'absolue moralité : les Quenu « suaient la santé », étalant leur fraîcheur poupine et leurs rondeurs conquérantes, telle Lisa, reflétée « de dos, de face, de côté, au plafond », faisant « toute une foule de Lisa » ressemblant à un ventre.

Jamais Lisa ne doute de sa propre moralité : qu'elle laisse Marjolin mourant, la tête fendue, après l'avoir assommé, qu'elle dénonce Florent, elle reste parfaitement sereine, « elle ne se reprochait rien. Elle avait agi en honnête femme ». Elle soutient « le gouvernement qui fait aller le commerce », complice de ces « Halles géantes », de cette « bête satisfaite et digérant », de ce « Paris entripaillé, cuvant sa graisse [...]. C'était le ventre boutiquier [...] se ballonnant, heureux, luisant au soleil, trouvant que [...] jamais les gens de mœurs paisibles n'avaient engraissé si bellement ». Surveillé par les mouchards de l'empire, Florent ne pouvait échapper à l'espace disciplinaire du nouveau Paris, il sera impitoyablement broyé par les mâchoires de l'ogre. L'empire, en articulant les utopies de l'âge classique et les exclusions anciennes, en faisant jouer ensemble la peste et ses découpages, la lèpre et son partage, ne laissait aucune chance à ce maigre tombé naïvement au milieu des gras.

L'oralité

Reste que la lutte du peuple gras contre le peuple menu, illustrée par la série de gravures anglaises que Claude cite à Florent, est pensée en termes d'oralité. Le jeune Zola imaginait déjà dans les *Contes à Ninon* le cycle infernal de la dévoration généralisée entre les animaux : le Grand Sidoine et le Petit Médéric assistent ainsi à « une mêlée effrayante » où « tous s'engraissaient mutuellement, la fête commençait au plus faible pour finir au plus fort ». Mais Zola ne réduit pas le darwinisme à ce schéma simpliste, toute son œuvre témoigne de ce qu'il a très vite compris que les phénomènes de reproduction étaient bien plus essentiels à l'évolution que ceux de la prédation. C'est pour décrire les Halles, le ventre de Paris, que Zola choisit de limiter le darwinisme à l'oralité conquérante des gras contre les maigres. Cette oralité, il en fait à la fois l'objet et la forme de son récit : la rumeur, le cancan, le propos de bistrot, la criée, les cris de Paris, le catéchisme poissard, toute la culture orale est convoquée pour PARLER les Halles. La vie de Marjolin, trouvé sous un chou, celle de Cadine, abandonnée sous une porte, tous deux recueillis par la « Chantemesse », relèvent du conte populaire et l'épisode de la fabrication du boudin, qui rappelle « Les Trois Souhaits » de Perrault (le boudin y devient le prolongement ridicule du corps), est le contrepoint grotesque du conte que Florent fait de sa vie à Pauline : « l'histoire du monsieur qui a été mangé par des bêtes ».

La Conquête de Plassans

RÉSUMÉ

Plassans, après avoir accepté le coup d'État, est passé à l'opposition en élisant un député légitimiste avec l'aide des républicains. Eugène Rougon, ministre de l'Empire, dépêche sur place l'un de ses agents, l'abbé Faujas, pour reconquérir la ville avec l'aide occulte de Félicité, qui choisit la maison de sa fille comme théâtre des opérations. Les menées parallèles d'Olympe et de Trouche (sœur et beau-frère du prêtre) pour s'emparer des biens des Mouret accélèrent le détraquement du foyer et précipitent le dénouement. Mouret, interné aux Tulettes, en sort à l'initiative de Macquart et de l'abbé Fénil, et revient purifier la maison de ses usurpateurs en allumant le gigantesque brasier où il périt lui-même, tandis que sa femme se meurt de phtisie chez Félicité.

COMMENTAIRE

Après le roman des origines, Zola consacre un roman à chaque famille. *La Curée* était celui des Rougon, *Le Ventre*, celui des Macquart, *La Conquête* sera celui des Mouret en qui se fondent les deux autres branches. En effet, Rougon a marié, par volonté de compensation, sa fille Marthe au fils d'Ursule Macquart, épouse Mouret, qu'il avait spoliée dans *La Fortune*. Or Zola fait coïncider le récit d'une conquête politique et le roman de la fêlure héréditaire. De même que le sang des Mouret, tous deux cousins et petits-enfants de Tante Dide, est un sang intermédiaire, terrain privilégié de l'apparition de la folie, de même leur maison devient le territoire de la médiation où s'opère le ralliement des légitimistes à la cause bonapartiste. Mais l'aliénation du territoire politique passe par celle des consciences et Marthe sera l'instrument de Faujas : la femme est la fêlure elle-même, le maillon faible dans le dispositif de la famille ; c'est elle qui ouvre la brèche à la volonté de puissance du prêtre.

Territoires

La Conquête, roman balzacien, met en scène les incarnations d'un Vautrin de l'empire, manipulant les êtres dans l'ombre et se métamorphosant au gré de sa mainmise sur la ville. Dans sa première « incarnation », prêtre pauvre et austère, Faujas (Parle-faux) observe le terrain et s'initie au jeu des forces politiques et des espaces de la vie sociale. Zola souligne l'importance stratégique de la fenêtre d'où l'abbé espionne à sa droite, chez les Rastoil, « la fine fleur de la légitimité », à sa gauche, chez le sous-préfet, « les gros bonnets de l'empire ». Peu à peu maître de l'espace privé des Mouret, il fait du jardin son domaine pour voir et être vu. À l'écart des clans et des coteries (il refuse aussi bien les invitations des Rastoil que celles du sous-préfet), il sait, guidé par Félicité (« Plaisez aux femmes, si vous voulez que Plassans soit à vous »), retourner l'opinion en sa faveur. Dans la sphère du social, la création de l'œuvre de la Vierge et celle du cercle de la jeunesse lui attirent les suffrages des jeunes et des femmes. Il sera facile alors d'arriver aux maris, en ouvrant l'espace neutre de l'impasse des Chevillottes sur laquelle donnent tous les jardins et qui met en cheville les deux camps. C'est là qu'on vient saluer l'abbé avant que la tonnelle des Mouret ne reçoive les deux sociétés, opérant la réconciliation des hommes publics dans cet espace privé. Faujas, élégant et adulé, a su, dans cette deuxième incarnation, moduler les distances : doux avec les jeunes gens, ployant les femmes d'une main de fer, s'effaçant devant les hommes, il conquiert la ville neuve et l'amène sur son terrain. De cet espace privé, le prêtre fera un nouvel espace politique : à l'approche des élections, il rallie légitimistes et bonapartistes autour de la candidature de Delangre, un homme neutre, apte à satisfaire tous les partis, en votant toujours « pour la liberté dans l'ordre et pour l'ordre dans la liberté ». Il ne lui reste plus qu'à pousser ses autres pions pour conquérir toute la ville. Le quartier populaire lui est acquis grâce à l'œuvre de la Vierge, le quartier Saint-Marc et les villages seront gagnés par le clergé où

Faujas impose sa loi, supplantant l'abbé Fénil auprès de Monseigneur dans cette lutte de Paris contre Rome. Dans le camp républicain, Trouche pousse à la rupture avec les légitimistes.

Après les élections, Faujas, désormais grand vicaire, promène sa dernière incarnation dans la ville qui voit, terrifiée, le maître qu'elle s'est donné « grandir démesurément, avec la défroque immonde, l'odeur forte, le poil roussi d'un diable ». L'abbé inscrit alors sa victoire politique dans l'espace public : en condamnant l'impasse des Chevillotes, il oblige Rastoil et ses amis à passer par la grande porte de la sous-préfecture. Mais ces jeux de pouvoir ne sont pas sans danger et Zola montre comment la désorganisation de l'espace psychologique et social des Mouret suscite leurs deux folies, l'hystérie de Marthe et la dépression mélancolique de François.

L'hystérie ou la revanche de Marthe

Zola, certes, ne renonce pas à ses théories sur l'hérédité : la ressemblance physique des époux avec Tante Dide est flagrante. Mais, si Marthe tient sa constitution nerveuse de l'ancêtre et semble hantée par le spectre de la folie, François a hérité de son père, le chapelier Mouret, une « nature sage et méthodique ». Le roman sera donc d'abord un « drame physiologique », « l'étude de la parenté qui rapproche les époux et qui plus tard les met en face l'un de l'autre ». Zola trouve un puissant facteur de dramatisation dans le réveil de ces deux natures assoupies par le temps, dans ce surgissement du vieil antagonisme des « sangs mêlés et toujours révoltés » qui oppose les Rougon à la branche Macquart.

Mais plus subtile est l'analyse des bouleversements apportés par les manœuvres de Faujas dans l'univers des époux. C'est par la femme, bien sûr, que s'introduit la fêlure : maître de sa conscience, le prêtre l'arrache à la vie calme et réglée que lui a construite Mouret, pour la projeter à son profit dans l'espace social de la ville. Mais, en la faisant échapper à l'enfermement qui était le gage de sa raison, Faujas l'arrache à l'aliénation* résignée de la condition féminine.

Attisant son désir sans jamais le satisfaire, il la précipite dans l'hystérie. Si Marthe, en révolte contre son mari, délaissant sa maison et ses enfants, croit avoir trouvé la voie de la libération, elle n'a plus que le langage des symptômes névrotiques devant le bonheur qui se dérobe, l'attente qui n'est jamais comblée. Crises nerveuses, évanouissements, sommeils extatiques, Zola reprend tous les états décrits par Trélat dans *Les Folies lucides*, et la ferveur religieuse qui brise la jeune femme a une signification sexuelle évidente : « elle rêvait qu'on la battait de verges, que le sang coulait de ses membres », « elle voyait une main de fer qui lui ouvrait le crâne avec une épée flamboyante ». Dans son analyse de l'hystérie féminine, Zola va plus loin que Flaubert dans *Madame Bovary*, que les Goncourt dans *Madame Gervaisais*. Il fait du symptôme le langage d'une révolte. Avec l'arrivée de Faujas, Marthe sent naître en elle une nouvelle femme (Marthe n'est-elle pas la sœur de Marie-Madeleine dans l'Évangile ?) et vit son honnêteté comme une oppression : « dans cette nature si longtemps soumise, des colères inconnues soufflaient ». Sa révolte lui fait prendre les cordons de la bourse et accepter l'exclusion de Mouret auquel elle voue soudain une haine farouche pour « les quinze années d'abnégation [...] passées derrière un comptoir, la plume à l'oreille, ainsi qu'un commis ». Entre la tyrannie domestique de son mari et le « vide de la passion » où elle s'épuise, elle n'a d'autre issue que la folie. Zola analyse ainsi avec lucidité la place des femmes dans la famille : c'est leur renoncement qui assure la stabilité du foyer. Mais, parce qu'elle a pu dire ses frustrations, Marthe entraîne son ménage à la catastrophe. La brèche ouverte aux menées de Faujas porte en elle l'aliénation* de Mouret.

Regards sur la folie

Déchu peu à peu de son rôle de maître de maison, exclu d'un espace domestique livré au pillage, privé de ses enfants, Mouret se replie dans la solitude de son bureau et dans un mutisme autistique* : « il se renversait contre le dossier de sa chaise, les bras ballants, la tête blanche et fixe, le regard perdu ». À la perte des repères familiaux s'ajoute bientôt l'exclusion sociale : spectateur impuissant et terrifié des crises de Marthe, il se voit accusé de battre sa femme. Rose, la cuisinière, attise la rumeur : « il y a beau temps que Monsieur est fêlé ». Dans les ragots d'Olympe, son amour de l'ordre et son goût de l'économie deviennent manies, « lubies », son exclusion et sa tristesse, hébétude maladive. Il n'y a de folie que dans le regard de l'autre et Zola montre combien est fragile la limite entre raison et déraison : le comportement de Mouret, son caractère, son passé, tout fait sens contre le bouc émissaire que Faujas a sourdement désigné à la vindicte publique, une démarche raide, une redingote démodée, un lacet défait. Quand la rumeur prend les dimensions du complot politique, il n'y a pas d'issue. Enfermé aux Tulettes, condamné à cet ultime repliement sur soi, Mouret devient fou d'avoir perdu tout territoire comme Marthe est devenue folle d'avoir été livrée à l'espace social où se sont diluées les défenses de son moi. Zola articule ainsi les spécificités sexuelles de la folie à l'éclatement des territorialités sociales : les femmes sont vouées au dedans comme les hommes au dehors et ce sont les stratégies territoriales de Faujas qui ont ouvert l'espace de la folie.

Mais si Faujas libère le champ politique de la menace républicaine au prix de l'enfermement de Mouret, il n'est lui-même qu'un pion sur l'échiquier de la conquête : Macquart, servant à son insu le jeu de Félicité, ouvre la porte des Tulettes et le « fou » met fin à la partie par l'incendie où disparaît le prêtre. Echec et mat !

Figures du peuple

L'Assommoir

RÉSUMÉ

Abandonnée par Lantier avec ses deux fils, Gervaise trouve en Coupeau, l'ouvrier zingueur, un mari exemplaire. Mais un accident bouleverse la vie du ménage. Tombé d'un toit, Coupeau prend des habitudes de paresse et commence à boire. La blanchisseuse, devenue patronne, s'avachit à son tour. Endettée, engourdie de gourmandise, elle se laisse aller à prendre Lantier pour amant et sombre dans l'alcoolisme. Ruinée, reléguée dans « le coin des pouilleux » et réduite à arracher sa nourriture aux ordures, elle meurt de faim sous une niche d'escalier, subissant ainsi la sanction de son intempérance.

COMMENTAIRE

Zola linguiste ou « le coup de gosier de Paris »

Zola attribuait le violent rejet de *L'Assommoir*, d'abord paru en feuilleton, au travail qu'il avait fait sur le style : « la forme seule a effaré, écrivait-il dans la Préface du roman, on s'est fâché contre les mots. Mon crime est d'avoir eu la curiosité littéraire de ramasser et de couler dans un moule très travaillé la langue du peuple ».

Il est vrai qu'on aurait pu tolérer l'argot dans *L'Assommoir* comme on l'avait toléré dans *Les Misérables* ou dans *Splendeurs et Misères des Courtisanes*. Mais, quand Hugo décrit « cet idiome abject qui ruisselle de fange », quand Balzac analyse « la langue des grecs, des filous, des voleurs et des assassins » qui « s'agite dans le troisième dessous des sociétés », ils maintiennent avec l'argot une distance savante, ils en disqualifient l'usage comme bas, typique des classes dangereuses. Or Zola transgresse cette limite qui sépare la langue savante de la langue du peuple et fait coexister les structures grammaticales les plus raffinées avec un vocabulaire lâché dont le référent* bafoue la bienséance bourgeoise.

Il montre par exemple Gervaise « prise de taf » (d'angoisse) ou « si gonflée d'emmerdement qu'elle se serait volontiers allongée sous les roues d'un omnibus » ; il la voit rire avec Coupeau « de ce qu'elle le trouvait en fonction, son trou de balle au grand air », ou souhaiter seulement « qu'on rigolât, tous gras et se la coulant douce ».

Le style indirect libre qui mêle la voix du narrateur à celle des personnages, couronnait le scandale aux yeux des bien pensants. Zola ne parle pas de l'argot, il le parle, et il y a là une incontestable réussite littéraire : la rumeur (« Ça devait être elle qui avait débauché le chapelier. On voyait ça dans ses yeux »), la voix intérieure de la rumination (« Nom d'un chien ! il ne faisait pas chaud à arpenter les pavés »), les dialogues (« Non, bien sûr, ils n'avaient pas vu Coupeau »), le point de vue de l'écrivain (« On était là les unes sur les autres, on se pourrissait ensemble ») se fondent dans une oralité polyphonique inédite qui fait de *L'Assommoir*, comme l'écrivait Zola, « le premier roman sur le peuple qui ait l'odeur du peuple ».

Zola hygiéniste ou « l'odeur du peuple »

Si Zola assimile ainsi la spécificité du langage populaire à un phénomène olfactif, c'est que, depuis le choléra de 1832, la bourgeoisie a découvert le « milieu empesté » des faubourgs. Dans l'imaginaire, l'odeur, le « miasme », conçus dès le XVIIIe comme agents contagieux, donnent corps aux terreurs nouvelles nées des théories microbiennes de Pasteur. Désormais, la peur biologique des classes laborieuses redouble la peur sociologique des classes dangereuses.

C'est avec un effroi d'hygiéniste que Zola se penche sur ce milieu qui assommera Gervaise. Dès les premières pages, on entre dans le Paris putride des « barrières » avec leurs « coins sombres, noirs d'humidité et d'ordure » où les abattoirs mettent leur « puanteur », « une odeur fauve de bêtes massacrées », où l'hôpital, véritable machine à infecter, répandra bientôt le miasme des pansements souillés de pus et de sang. Et voilà que le faubourg déverse sur la ville des bien portants un « troupeau sans fin d'ouvriers » coulant ainsi qu'une « mare » aux dangereuses fermentations.

Par-delà le bistrot du Père Colombe, *L'Assommoir* revêt en effet une signification plurielle, désignant tous les opposants de Gervaise, le faubourg, le lavoir, la maison de la Goutte-d'Or, avec sa promiscuité et son insalubrité, « se pourrissant et s'émiettant sous la pluie », avec ses fenêtres ouvertes sur « les caisses béantes des plombs » d'où souffle l'infection. Et c'est là que, dans son rêve d'ascension sociale, Gervaise choisit d'installer son atelier de blanchisseuse, modèle même, pour l'hygiéniste, du miasme putride menaçant l'organisme de décomposition. C'est là qu'elle prendra ses « premières paresses » dans « l'asphyxie des vieux linges empoisonnant l'air autour d'elle ». Sous l'effet de ces « parfums animaux », si redoutés de la psychiatrie du XIXe siècle, la blanchisseuse, « grisée » de « puanteur humaine », sombre dans l'hystérie et s'animalise.

Zola physiologiste : « le bestiaire » de *L'Assommoir*

Il n'est pas indifférent que Zola ait fait de son roman populaire un roman de l'oralité. Lecteur passionné de *La Physiologie des passions* de Letourneau, Zola pense en effet l'évolution de l'humanité à travers les âges de la vie : tandis que les peuples adultes parviennent à l'âge positif de la « période intellectuelle », les peuples enfants, occupés seulement du manger et du boire, en restent à la « période nutritive ». Or il ne fait pas de doute pour Zola que le primitif survive dans les classes populaires : dans le nom de Macquart résonne encore celui de Machart auquel avait d'abord pensé le romancier, et la grasse Lisa incarne la santé du ventre comme Gervaise ses mésaventures.

C'est en effet la « gueulardise » qui perdra les Coupeau : dans l'orgie rabelaisienne de la fête de l'oie, le vin coule comme « un vrai ruisseau, lorsqu'il a plu et que la terre a soif » et le corps s'enfle jusqu'au grotesque, « ils pétaient dans leur peau, [...] la bouche ouverte, le menton barbouillé de graisse » avec « des faces pareilles à des derrières ».

Par-delà le primitif, c'est l'animalité qui survit dans le peuple et un véritable bestiaire s'évoque dans le nom des personnages (Mme Putois, M. Poisson, Mme Lerat...) comme dans les museums humains que brosse le romancier. Si Lorilleux a une « vivacité de singe », le jeune Coupeau, « montrant ses dents blanches, [...] la mâchoire inférieure saillante, le nez légèrement écrasé » a « la face d'un chien joyeux et bon enfant ». On le retrouvera déchu, avec « le cuir fumant » et « le nez froncé » de la bête.

Comme Sue ou Balzac, Zola croit en effet à la physiognomonie de Lavater et pense que l'on peut déduire les dispositions morales et intellectuelles des traits physiques.

Zola et la thermodynamique

Si l'adulte civilisé peut opposer sa volonté aux « impressions » qu'il reçoit du monde, les êtres moins évolués, ne disposant pas du « faisceau complet des facultés », se laissent envahir par celles-ci. Ainsi, Gervaise, fascinée par l'alambic, monstre diabolique évoquant le serpent de la Genèse, est incapable de résister à la tentation de voir puis de boire.

Le roman de l'ouvrier parisien se transforme alors en roman de la flânerie et de la fête : avachis de paresse, d'alcool et de gourmandise, Gervaise et Coupeau mourront dans l'abjection. Suivant la physiologie de Lavoisier, Zola pense en effet la digestion comme un phénomène de combustion : la nourriture fournit à l'organisme une chaleur en partie convertible en travail, en partie perdue. Dès lors, toute une thermodynamique de la santé s'élabore, qui s'inspire des principes de Carnot et que formulera bientôt *Le Docteur Pascal*. Conçu comme une machine à vapeur, l'organisme doit « rendre en idées et en mouvements » les sensations qu'il a reçues du monde : « le travail devenait ainsi la grande loi », évitant « l'engorgement » de la machine humaine. Tôt ou tard, l'énergie accumulée dans le manger et le boire doit être dépensée en chaleur ou en travail. Mécanisé par l'alcool, Coupeau finira bouillant de fièvre, « une machine à vapeur dans le ventre », jouant « des quilles et de la gueule » jusqu'à l'épuisement tandis que Gervaise s'éteint à petit feu en ahurie de Chaillot, « faisant Coupeau » dans la pantomime hystérique où elle achève de se détraquer.

Roman expérimental étudiant l'action du milieu sur l'homme physiologique, *L'Assommoir* est aussi « de la morale en action », une leçon de tempérance donnée à l'ouvrier flâneur.

Germinal

RÉSUMÉ

Etienne Lantier, machiniste sans travail, accepte un emploi de mineur dans l'équipe de Maheu. Bientôt, la direction voulant imposer une baisse de salaire, il organise la résistance ouvrière. Désastreuse, la grève sème la misère et la mort dans les rangs des charbonniers qui doivent se résigner au nouveau tarif après deux mois et demi de lutte. Souvarine, dans son mépris d'anarchiste pour la vie humaine, sabote le puits de mine, imposant ainsi au Capital de lourdes pertes. Prisonnier du Voreux avec Catherine Maheu et Chaval, Etienne possède la jeune fille au seuil de la mort après avoir tué son rival. Sauvé in extremis, il part pour Paris entamer la carrière politique dont il a toujours rêvé.

COMMENTAIRE

En 1879, le Congrès ouvrier socialiste de France reconnaissait la division de la société en deux classes, « l'une possédant tout et ne travaillant pas, l'autre travaillant et ne possédant rien ». Les grèves d'Anzin (1878, 1884) réactivent les antagonismes et la littérature s'empare du sujet : après *Sans famille* d'Hector Malot (78), *Le Grisou* de Talmeyr (80) ou *L'Enfer social* de Guyot, Zola décide d'écrire le roman de la mine, d'évoquer, à travers les grèves de l'Empire (La Ricamarie et Aubin en 1869), les événements récents. *Germinal* décrira « le soulèvement des salariés, le coup d'épaule donné à la société, qui craque un instant : en un mot, la lutte du Capital et du Travail ».

Le Voreux : la mine et le minotaure

Cette opposition est la clef structurale du récit qui confronte le coron à La Piolaine, cette « grande maison carrée » que les Grégoire, en arrondissant leur bas de laine des richesses arrachées à la terre par le piolet des mineurs, ont conquise sur la noblesse. Tandis qu'ils dorment « avec passion » dans leur inconscience égoïste, « leurs » braves ouvriers sont dévorés par le Voreux.

Quoi de plus propice que la mine pour réactiver le mythe du Minotaure, ce monstre cannibale emprisonné au cœur d'un inextricable labyrinthe ? Étienne, fasciné, assiste à la descente : à peine a-t-on « sonné à la viande » que « le puits avale des hommes », « d'un coup de gosier ». Nouveau Thésée, le jeune homme trouve au fond de la mine un rival à la nature taurine : seule la mort de Chaval (anagramme de Vachal) et la sortie du labyrinthe pourront sanctionner la victoire d'Étienne sur ce moderne Minotaure.

L'enfer

La mine cependant, c'est avant tout le monde de la nuit où les forçats de la faim vivent les angoisses de l'homme Zola. Le système des images évoque, par-delà le réalisme, une humanité sans cesse menacée d'écrasement, d'asphyxie, aveuglée par les ténèbres, par la sueur, dans l'enfer de ces galeries où l'on rampe pour atteindre la veine, où l'on pousse « sur les genoux » la berline « pour ne pas se fendre la tête », où l'on s'accroupit même pour manger le maigre briquet de la pause. Le « long serpent » d'un train de berlines grossit jusqu'au fantastique ce monde halluciné de la mine fondé sur les contrastes du rouge et du noir. Dans cet univers dantesque, quelques flamboiements : les « pointes rougeâtres » des lampes dessinent les « formes spectrales » de ces damnés livrés à la fureur des éléments ; l'humidité devient « averse », « déluge » ; la goutte d'eau qui s'acharne dans l'œil de Maheu se fait supplice ; le feu de la lampe chauffe le crâne, brûle le sang et la mort rôde dans l'air chargé de grisou. Le Tartaret symbolise le feu destructeur et purificateur : dans la mine de houille incendiée, les mineurs superstitieux voient la punition de cette « Sodome des entrailles de la terre, où les herscheuses se souillaient d'abominations » ; dans les « lueurs errantes » courant « au ras du sol », ils imaginent « les âmes criminelles en train de grésiller dans la braise intérieure » et Catherine est terrifiée de cette « fille rouge comme un poêle, avec des yeux pareils à des tisons » qui hante la mine.

Comme le Tartare antique, la mine engendre des créatures difformes telles la Mouquette avec « ses bosses de chair exagérées jusqu'à l'infirmité » ou Catherine trottant « ainsi qu'une de ces bêtes naines qui travaillent dans les cirques ». Mais les monstres peuvent briser leurs chaînes et la révolte prend la même forme mythique que l'exploitation : surgis des enfers, ces yeux qui brûlent comme le charbon, ces « trous des bouches noires » si semblables aux puits de mine annoncent la fin d'un monde : « glapissantes » comme le chien Cerbère, décharnées comme les Erinnyes vengeresses, les révoltées « en sabbat » vident les chaudières.

À rebours

Cette description des monstres rejoint une tératologie* évolutionniste : les mineurs parcourent à rebours les chemins de l'évolution, abandonnant leur triple appartenance de sexe, de race et d'espèce. Pour Zola, en effet, le peuple est proche du primitif et l'hermaphrodisme* est une étape de l'évolution vers laquelle tendent les êtres dégénérés. Catherine, dans ses vêtements de travail, a « l'air d'un petit homme » et les charbonniers remontant au jour passent « comme une bande de nègres culbutés dans de la vase ». Mais les mineurs régressent encore en-deçà du primitif, vers la « bête humaine » : tandis que la Maheude sort au grand jour « sa mamelle de bonne bête nourricière », la Levaque s'avachit, « le ventre sur la gorge et la gorge sur les cuisses, avec un mufle aplati aux poils grisâtres ». Plus inquiétant, Jeanlin, avec son « masque de singe blafard [...] troué de ses yeux verts, élargi par ses grandes oreilles », incarne le fauve sanguinaire.

Le plus souvent cependant, les individus se distinguent à peine, fondus qu'ils sont dans la horde, tassés dans un corps-à-corps rassurant : chez la veuve Désir, « chacun avait une épaule ou un genou qui entrait chez le voisin, tous égayés, épanouis de se sentir ainsi les coudes ». Ce sont des émotions collectives, des paniques ou des fureurs instinctives qui mènent la grève. La bande se déroute, pourquoi ? « personne ne pouvait le dire. N'importe ! la peur les prenait », ou bien, « emportés d'un même élan », « tous couraient aux tas de briques » pour lapider les soldats. Tandis que les femmes défilent avec un « galop de bétail lâché », les hommes forment une « masse compacte [...] confondue en une même uniformité terreuse ».

« Des insectes humains »

La métaphore de la fourmilière rend compte de cette uniformité où se dilue l'individu : « Jamais la mine ne chômait, il y avait nuit et jour des insectes humains, fouissant la roche », poussant des berlines comme Lydie, « maigre fourmi noire en lutte avec un fardeau trop lourd ». Au coron, les cancans tiennent lieu de conscience collective, et la foule de la Ducasse s'étire « comme une traînée de fourmis » dans « la nudité rase de la plaine ». Le destin des mineurs est bien de se fondre dans le minéral, sauf à retourner, comme le vieux Bonnemort avec ses jambes tordues « d'arbre mort », au silence du végétal.

On peut certes voir là une socio-biologie réactionnaire, mais les causes que le romancier assigne à cette involution, témoignent d'une idéologie plus complexe qu'il n'y paraît. Zola accorde en effet une grande importance à l'hérédité des caractères acquis, il affirme ainsi que « l'usage séculaire » du savon noir « décolore et jaunit les cheveux de la race » et la pâleur chlorotique des Maheu n'est que l'héritage biologique d'une vie privée d'air, de viande et de lumière.

C'est le travail qui leur donne un flair de « bons chiens lancés à la chasse de la houille » et c'est à force de descendre dans un « enfournement de bétail » que les corps prennent la marque de la soumission héréditaire, la « figure moutonnière », ou « l'échine basse ».

Nature et culture

Cependant, il n'y a là qu'une « douceur menteuse, l'obéissance forcée et patiente des fauves en cage, les yeux sur le dompteur, prêts à lui manger la nuque, s'il tournait le dos ». Tout est fait pour maintenir le charbonnier à l'attache (à la tâche) et la « Thébaïde* » que le paternalisme construit pour ses ouvriers n'est qu'une gigantesque prison où Mme Hennebeau, ravie de son « rôle de montreuse de bêtes », entraîne ses invités. Si Zola s'attarde sur le passé de la femme du directeur, qui promène ses adultères de ville en ville, c'est aussi pour opposer la mobilité bourgeoise à l'enfermement des exploités. Rivé à son coron, prisonnier de ces terrils qui « barrent la vue comme une barricade de géants », le mineur se voit relégué dans la nature, exclu de la culture.

Dans la promiscuité de l'unique chambre des Maheu, les enfants se soulagent « avec l'aisance tranquille d'une portée de jeunes chiens », ils « poussent naturellement », plantés au ventre des femmes « sous le fouet de l'instinct », au lieu d'être adulés comme l'enfant unique des Grégoire.

Pire peut-être, dans les constructions de brique, « rien de la vie intime » n'est caché aux gamins. Dès lors, ils s'amusent à des « jeux de petits chiens vicieux », les filles ont des amants et une gigantesque fornication secoue le mur du vieux Mouque, le fond de la mine, ou les champs de blé mûr.

Hennebeau, que l'éducation bourgeoise a haussé « à la souffrance inassouvie des passions », leur envie cette « tranquille satisfaction des instincts ». C'est que la vie ouvrière ignore l'intériorité du sentiment comme la sociabilité privée : dans un emploi du temps domestique rythmé par la cadence du travail, Bonnemort rentre de sa besogne pour occuper le lit encore chaud des fils et descend manger lorsque la Maheude en est au café : « on mangeait avant même de se débarbouiller et personne ne s'attendait, la table restait mise du matin au soir ». On est loin ici du rituel familial des petits déjeuners de La Piolaine, on se « remplit », on « engloutit » « la pâtée de pain, de pommes de terre, de poireaux et d'oseille » pour reconstituer sa force de travail. Le rôle d'Étienne, semeur de langage, prend alors tout son sens.

Étienne, semeur de parole

Comme l'a montré C. Duchet, *Germinal* raconte l'avènement de la parole ouvrière. Le silence est en effet la loi même du travailleur, car le langage, critère de la culture, est réservé à ceux qui dominent. Tandis que, chez les Grégoire, on tisse sur les petits riens de la vie les fils sans fin de la conversation, les mineurs sont voués au silence ou au cri de la bête. Ils mangent avec « une voracité muette » et, devant l'injustice, ils « ravalent des grondements » mais « s'en (vont) sans un mot, avec une secousse des épaules, comme si on leur (avait) cassé l'échine ». Pour ces infirmes du langage, le corps, geste ou mimique, prend seul en charge l'émotion : « une claque formidable sur les reins de la Mouquette » dit toute la « tendresse fraternelle » de Mouquet comme les fesses nues de celle-ci disent le souverain mépris.

Si les charbonniers osent « se soulager en gros mots », c'est en l'absence des chefs devant lesquels ils gardent le silence de la bête muselée. La parole ouvrière tourne à vide : vide du lieu commun (« une bonne chope est une bonne chope »), vide du cancan qui empoisonne le coron de toutes les rancœurs que l'on est impuissant à porter ailleurs car, devant le bourgeois, les langues s'embrouillent et la Maheude doit acquiescer elle-même au verdict de Grégoire, « les mineurs boivent, font des dettes [...] – Monsieur a raison [...], le mieux [...] c'est de faire honnêtement ses affaires, dans l'endroit où le Bon Dieu vous a mis ». Le rentier est alors justifié à refuser la pièce de cent sous : « Avec de tels sentiments, ma brave femme, on est au-dessus de l'infortune ».

L'arrivée d'Étienne va arracher la parole ouvrière à cette aliénation* : « Maintenant, chaque soir, chez les Maheu, on s'attardait une demi-heure, avant de monter se coucher ». Ces « causeries » sont pour les mineurs comme le baptême douloureux de l'esprit, désormais on « s'apercevait de l'humidité des murs et de l'étouffement empesté de l'air ».

Les porte-parole ou les pièges du politique

Ainsi émancipé de « la résignation de la race », Maheu trouvera le courage d'être le porte-parole de la délégation chez Hennebeau : « il s'écoutait avec surprise, comme si un étranger avait parlé en lui ». Cependant cette parole aussi tourne court car le directeur n'est qu'un salarié, le destinataire réel du message, « la Régie », cette abstraction capitaliste, se recule « dans un lointain terrifiant, dans une contrée inaccessible et religieuse, où trônait le dieu inconnu, accroupi au fond de son tabernacle ». Sans destinataire, le message est aussi sans destinateur authentique : c'est un étranger qui parle en Maheu. Qui en effet de Rasseneur, le possibiliste, d'Étienne, le collectiviste, de Souvarine, l'anarchiste, peut dire la vérité de la classe ouvrière ? Certes, chacun a sa part des sympathies de Zola : Rasseneur, en homme pratique, prône la participation aux bénéfices, comme il le fera lui-même dans *Travail* ; Souvarine est seul capable de mettre à nu la Vérité des mécanismes économiques ; Étienne, comme le cheval Trompette, son double au fond de la mine réveillant le vieux Bataille, éveille la conscience des opprimés à l'exigence de Justice, mais aucun d'entre eux n'est le porte-parole authentique de la classe ouvrière. Rasseneur a bâti sa prospérité de cabaretier sur les « colères qu'il avait soufflées au cœur de ses anciens camarades » ; Souvarine n'est qu'un « déclassé », « étranger » aux charbonniers (et il n'hésitera pas à les ensevelir dans la mine) ; Étienne est chatouillé de la « vanité d'être leur chef ».

Étienne n'existe en effet que par la grève et les mineurs sont aussi les otages de son rêve d'ascension sociale. Tandis que tous redescendent au fond, vaincus par la faim, il part rejoindre Pluchart, ce « bellâtre vaniteux de ses succès de tribune » et il arrange déjà les phrases où il montrera dans les ouvriers « l'unique noblesse et l'unique force où l'humanité pût se retremper ». Mais cet idéalisme n'est que l'envers de « l'affinement bourgeois » qui l'a haussé « au-dessus de sa classe », « il n'était plus de cœur avec les camarades, il avait peur d'eux, de cette masse [...] passant comme une force de la nature, balayant tout, en dehors des règles et des théories ».

Qui sème le vent récolte la tempête

Dans sa naïveté, Étienne, qui prêchait les évangiles du travail dans la forêt de Vandame, a déclenché l'Apocalypse. Pris de « l'exaltation religieuse [...] des premiers chrétiens », les charbonniers sont enlevés dans « un éblouissement », « un rut de peuple » qui se satisfait au hasard de la rencontre. Contre toute logique, c'est Deneulin, le petit patron progressiste et « paternel pour ses hommes », Deneulin qui n'a pas imposé le tarif inique, qui seul fera vraiment les frais des violences révolutionnaires : insensibles aux « derniers perfectionnements de la science » et à la « recherche d'élégance » par laquelle il élève l'architecture industrielle au rang de l'art, les mineurs ruinent le seul homme qui admette honnêtement que « l'ouvrier a raison de dire qu'il paie les pots cassés » de la crise et qui pardonne : « des brutes sans doute, mais des brutes qui ne savaient pas lire et qui crevaient de faim ».

La violence ouvrière est aveugle. Violence réciproque, elle jette les mineurs « les uns sur les autres », « la faim exaspérait les rancunes, on avait besoin de se cogner » ; violence unanime, elle ressoude la communauté en la jetant sur un bouc émissaire : Étienne, à la manière du roi sacré africain ou du « pharmakos » grec, incarnant à la fois le poison qui souille la société et le remède qui peut l'en délivrer, sera lui-même lapidé après avoir été adulé. Mais c'est dans la fureur meurtrière des femmes que la crise sacrificielle atteint son paroxysme : alors que ces « brutes démuselées », comme dans un sacrifice rituel, se ruent sur Cécile Grégoire pour la déchiqueter et emporter chacune « un morceau de cette fille de riche », Étienne trouve enfin « sur quelle proie légitime » lancer la bande. La violence est heureusement prompte à accepter n'importe quel substitut symbolique et les animaux remplacent les victimes humaines : on crie « au chat » sur Maigrat, mort accidentellement, et c'est son cadavre qui sera mis en pièces et coupé « comme un matou ». Mais tout ce qui touche à la victime émissaire devient tabou, « ce cadavre à présent barrait la route et protégeait la boutique » : pas un affamé n'osera piller l'épicerie pour apaiser sa faim.

La violence ouvrière est un aveu d'impuissance, une faillite de la parole. Si le vieux Bonnemort empoigne Cécile et « serre les doigts », c'est que, « ce jour-là, il avait perdu sa langue » et le couteau sanglant de Jeanlin est porteur d'un message que nul alors ne pouvait entendre et qui sera précisément la devise de Luc dans *Travail*, « **amour** ». Faute d'être entendus, les mineurs sont acculés à la « vantardise du sacrifice ». Maheu, « étalant sa poitrine nue » se pousse contre les baïonnettes, et c'est sous une « rafale de pierres » que les soldats lapidés tirent enfin, rejetant la colère ouvrière à un « grand silence ».

Germinal ou le « cri de justice » des charbonniers

Germinal prend le relais de cette parole qui s'est tue, ensanglantée par « les coups de feu du Voreux ». Zola voulait « que le lecteur bourgeois ait un frisson de terreur », il ne laisse aucun espoir aux privilégiés : la défaite des mineurs « ne rassurait personne, les bourgeois [...] regardaient derrière eux si leur fin n'était pas là quand même, inévitable, dans ce grand silence » où pousse « une armée noire, vengeresse », « une germination qui allait bientôt faire éclater la terre ». « Hâtez-vous d'être justes, écrivait-il, autrement voilà le péril »... Mais les bien nourris sont restés sourds à l'anéantissement du Voreux : comme l'a montré A. Pagès, les ténors de la critique, insistant sur les aspects épiques de l'œuvre, se sont tus sur sa portée politique, un silence qui est l'aveu de la force de *Germinal*.

La Terre

RÉSUMÉ

Trop vieux pour cultiver ses terres, Fouan les donne à ses enfants, à charge pour eux de lui verser une pension. Mais, sous prétexte que Jésus-Christ boit sa part, Buteau ne donne rien. En épousant sa cousine Lise, qui vient d'hériter de quelques hectares avec sa sœur Françoise, celui-ci arrondit son lot. Dans l'espoir d'éviter le partage, pensant être « assez bon coq pour deux poules », il harcèle Françoise, qui finit par épouser Jean, un ouvrier agricole, pour rentrer dans ses biens. Mais la grossesse de celle-ci, qui ferait sortir une partie des terres de la famille, enrage les Buteau. Violée et mortellement blessée, Françoise, qui a toujours aimé Buteau, se tait obstinément : Jean, l'étranger, n'héritera pas. Après un long martyre, dépouillé par ses fils, ballotté de maison en maison depuis son veuvage, Fouan, témoin du meurtre, est assassiné à son tour.

COMMENTAIRE

Jamais roman de Zola n'aura déclenché pareil vacarme. Le 18 août 1887, *Le Figaro* publie « le Manifeste des Cinq », signé de P. Bonnetain, J.-H. Rosny, L. Descaves, P. Margueritte, G. Guiches, tous bien en cour auprès de Goncourt ou de Daudet. Ceux-ci, sans avoir trempé directement dans la cabale, ont sans doute attisé la verve polémique de ces jeunes auteurs contre les indécences et la scatologie* de *La Terre*.

Le semeur

Si, au début de *La Mare au Diable*, George Sand montrait la Mort menant l'attelage du laboureur dans une gravure d'Holbein, Zola choisit d'ouvrir son roman sur le symbole de la Vie en évoquant *Le Semeur* de Millet, ce paysan magnifié par le peintre jusqu'à occuper, au premier plan, toute la hauteur de la toile : « Seul, en avant, il marchait, l'air grandi ; et, derrière, [...] une herse roulait lentement, attelée de deux chevaux ». Allait-il, comme le peintre, chanter « l'apothéose de ce modeste qui va de sillon en sillon confier à la terre le trésor de ses labeurs ? » Sans doute Zola était-il tenté par cet hymne à la Fécondité, mais il se veut réaliste et critique le pittoresque rustique et édifiant de Millet comme les romans champêtres de George Sand. Comme l'écrira Huysmans, « les paysans de Millet sont aussi fictifs que les Fadette et les Champi [...] ; il nous a dépeint des gens qui se recueillent à l'Angelus [...] comme si le son d'une cloche dans les champs n'était pas le simple signal [...] d'un retour ». Ainsi, lorsqu'il entend « les trois coups de l'angelus tinter dans l'air mort », Jean est seulement pressé de rentrer déjeuner. Quant à la Grande, terrible incarnation des divinités païennes de la Terre, elle n'hésite pas, après la grêle, à « engueuler » le Bon Dieu : « Sacré cochon, là-haut ! Tu ne peux donc pas nous foutre la paix ? »

Mais ce refus de l'idéalisme n'empêche pas le romancier de rendre hommage au peintre : l'église avec « son clocher de pierres grises, habité par des familles de corbeaux » tournoyant dans un ciel « couleur de suie » ressemble fort à *L'Église de Gréville* et la jeune fille conduisant une « grande vache rousse et blanche » à la corde est le portrait fidèle de la *Femme faisant paître sa vache* : Françoise, avec « sa face allongée [...] aux lèvres épaisses [...], la tête coiffée d'un bonnet rond [...] avait la peau très brune, hâlée et dorée de soleil ». Les toiles de Millet fournissent en effet au romancier autant de motifs ethnographiques sur les travaux des champs ou les tâches domestiques que son enquête en Beauce. N'est-ce pas *L'Homme à la houe* qui a inspiré cette figure de brute harassée de besogne qu'est Hilarion ? Et Palmyre ? Soulevant « trois, quatre javelles, tant que ses bras maigres pouvaient en contenir », « la poitrine écrasée », « les bras cassés d'étreindre les gerbes », elle a le geste exact des *Botteleurs* comme Françoise, avec son mouchoir bleu noué sur la tête, « les reins pliés », « les fesses hautes, la tête au ras du sol » pour « ramasser sa brassée d'épis » a l'attitude des célèbres *Glaneuses*. Corrigée de son idéalisme, la peinture de Millet reste donc pour Zola une référence essentielle, d'autant plus qu'il partage avec le peintre une vision épique du peuple et retrouve dans « les paysans et les ouvriers [...] la carrure simple et forte des héros d'Homère ».

Zola et les mythes

Le roman de Zola, comme le mythe, célèbre la fécondité jumelle de la Femme et de la Terre, et la double naissance, dans l'épisode où la Coliche « vêle » en même temps que Lise, dit l'harmonie de « l'être humain tel qu'il est sorti du sol » avec la nature. Or, la société paysanne est en crise, « la Beauce, nourricière de la France, se mourait d'anémie », victime des contradictions économiques du capitalisme : « si le paysan vend bien son blé, l'ouvrier meurt de faim [...], si l'ouvrier mange, c'est le paysan qui crève ». Sous le fouet de la concurrence, les prix s'avilissent et les agriculteurs, incapables de sortir de « l'engourdissement mortel de la routine », faute d'instruction ou de capitaux, végètent. « Et ça dégoûte même les bons travailleurs, ils en arrivent à se tâter, avant de faire un enfant à leur femme ». Tout Malthus est là. Buteau est le champion de ces pratiques contraceptives si souvent dénoncées par Zola : « Foutue bête ! quand je te dis que je m'ôterai », explique-t-il à Françoise pour la convaincre de céder. Les critiques n'ont voulu voir là qu'un « violent parti pris d'obscénité » quand le romancier a su travailler ses propres obsessions natalistes à la lumière du mythe. Comme la déesse Athéna repoussant la tentative de viol d'Héphaïstos, Françoise parvient à se dégager de l'étreinte de Buteau qui « se satisfait quand même, au petit bonheur, n'importe où », à l'instar du dieu archaïque. La déesse jetait alors avec dégoût la poignée de laine dont elle avait dû s'essuyer la jambe, et la semence fécondait la Terre-Mère venue justement en visite de ce côté-là. Or Zola suit scrupuleusement le mythe et il est cocasse de voir les dévôts de l'antique mépriser, comme Anatole France, ces « Géorgiques de la crapule » : Françoise « avait pris une poignée d'herbe, et elle s'en essuyait la jambe ». Alors, une fois encore, « cette semence humaine, ainsi détournée et perdue, tomba dans le blé mûr, sur la terre, qui, elle, ne se refuse jamais, le flanc ouvert à tous les germes, éternellement féconde ».

Zola, « Homère de la vidange »

La fable d'un Zola « coprolalique* », « descendu au fond de l'immondice », n'est pas plus sérieuse que celle d'un Zola « impuissant ». Notre « Homère de la vidange », selon le mot de Proust, sait en effet couler ses positions économiques et morales dans le vocabulaire de la culture populaire qui célèbre sans cesse « le bas matériel et corporel » (Bakhtine), et, en particulier, l'excrément. Hanté par l'obsession de la perte, Zola fait de Hourdequin un adepte de la théorie « socialiste » du **circulus** : « chacun recueillerait religieusement son fumier pour le donner à l'État, en guise d'impôt. La production agricole serait doublée et la misère disparaîtrait du globe » (Pierre Leroux). On reconnaît ici le secret de la Mère Caca, qui ne recule pas à « vider son pot dans ses légumes » et qui tire de son lopin une exceptionnelle récolte. Au delà de ce « jardinage », Zola voit « Paris entier lâcher la bonde de ses fosses [...], la grande ville rendre aux champs la vie qu'elle en avait reçue ».

Ce recyclage du déchet en richesse conjure l'angoisse de la jouissance gaspilleuse et Zola exalte « l'odeur puissante de ces fientes, nourrices du pain des hommes » que Jean respire comme « l'odeur même du coït de la terre ». Il rejoint ainsi, par delà l'utopie socialiste, le sens anthropologique*

de la joie scatologique* telle qu'elle s'exprime dans les rituels de fertilité du carnaval, enterrant le Bonhomme Hiver sous un jet d'excréments où refleurit le printemps. La culture carnavalesque célèbre en effet la puissance fécondante de la fiente. Ainsi, lors de l'accouchement de Lise, le vétérinaire qui vient de délivrer la vache se balafre la figure « d'une large traînée de bouse », et c'est prise d'un irrésistible fou rire que la mère expulse l'enfant : « Ça criait d'un bout, ça riait de l'autre ». Il y a là l'écho de la naissance de Pantagruel entre le rire et les larmes, comme celui du Clos de Lerné dans les vendanges : « les femmes se troussaient et les hommes posaient culotte, au pied de chaque haie [...], ça finissait par des hommes soûls et des filles grosses ». Dans les fermentations excrémentielles, la mort même « refait de la vie » et Jésus-Christ, pris « d'une faim de chier » au cimetière, est le symbole du triomphe de la fécondité de la terre dont le grand œuvre s'accomplit « avec nos abominations et nos misères [...]. Des morts, des semences, et le pain poussait de la terre ».

Les messes parodiques de Jésus-Christ

Cette générosité inépuisable de la vie, Rabelais l'incarnait dans Panurge, dépensant sans compter, « mangeant son blé en herbe », dilapidant son revenu « en mille banquets et festins joyeux ». Comme lui, Jésus-Christ conteste la morale de l'épargne et de la sobriété en apprenant au père Fouan la joie de liquider les trop-pleins physiologiques dans la pratique ostentatoire du pet. Personnage carnavalesque détrônant les valeurs dominantes hostiles au corps et au plaisir, Jésus-Christ, qui parodie le sacré jusque dans son nom, célèbre une de ces messes irrévérencieuses qui enchantaient Rabelais : parce que le jeu d'argent est sacrilège (les soldats romains ont joué aux dés la tunique du Christ), Jésus-Christ parie qu'il gobera les écus d'un vieil ivrogne : « Il saisit la pièce, se la posa gravement sur la langue comme une hostie, puis d'un coup de gosier, l'avala ». Bientôt notre terrible « gargamelle » achèvera le cycle parodique du circulus par la transsubstantiation* de la merde en or : vainqueur d'un concours de pets, il en fait allumer deux pour le bouquet, deux qui « brûlèrent d'une belle flamme jaune, couleur d'or, qui monta comme un soleil dans sa gloire ». Mais le pet est aussi l'inversion carnavalesque du souffle divin de l'âme et rien n'égayait tant les messes parodiques que des pets sonores retentissant à l'élévation ou les mots latins *pro ut* émaillant une prière. Les « notes d'orgues » du « très venteux » Jésus-Christ accompagnent ainsi les « idées pieuses » que le prêtre échange avec Suzanne, la prostituée qu'il prend pour une dame, un jour de vendanges.

Mais les irrévérences de Jésus-Christ ont une signification plus profonde. Si, comme l'a voulu Zola, le père Fouan rappelle le roi Lear de Shakespeare, Jésus-Christ est son bouffon, la Déraison qui dit la vérité de la Raison : « Quand vous serez à manger la terre avec les taupes, est-ce que ça vous avancera, de vous être refusé un fricandeau ? » Des deux, le plus fou n'est pas celui qu'on croit, Fouan n'a-t-il pas vécu comme un pauvre sur un tas d'or, en esclave de cette terre qu'il croyait posséder ? Comme le dit le fou du roi Lear, « c'était porter son âne sur le dos à travers le bourbier » et Fouan rentre vraiment Gédéon à l'écurie sur une civière. Cet âne soûl « perdant tout respect », si peu « convenable », vautré dans ses vomissures, « les cuisses ouvertes », incarne, avec sa « grande croix grise sur l'échine », la triomphante génitalité, « la jouissance sans remords », l'irrévérence absolue du ventre pour l'esprit.

Car le rire est une arme, l'huissier chassé par une énorme fusillade de pets l'apprend à ses dépens et les Buteau, pour avoir refusé Jésus-Christ à leurs noces, reçoivent « une volée de merde » en guise d'eau bénite !

Mais ces provocations carnavalesques sont des archaïsmes et la campagne, ensauvagée par les discours anarchistes ou collectivistes, ravagée par la crise, engloutira la ville dans son désastre. Pour Zola l'état de nature survit dans la paysannerie : à Rognes, dans la vallée de l'Aigre, l'homme est un loup pour l'homme, on viole, on tue et les os « se dévorent les uns les autres » jusque dans la mort. Le message est clair, la bataille économique a réveillé « l'état de guerre » et les loups sont aux portes de Paris.

Bourgeois et chevaliers d'industrie

Pot-Bouille

RÉSUMÉ

Jeune provincial monté à Paris, Octave Mouret, premier commis chez Mme Hédouin, entreprend, rue de Choiseul, une dérisoire éducation sentimentale et une étrange traversée des « mondes » de la bourgeoise. Il découvre peu à peu les désordres cachés derrière les portes d'acajou et les solennités du grand escalier : introduit dans toutes ces « honnêtes » familles par son hôte Campardon, l'architecte du troisième, il est vite initié aux stratégies matrimoniales des Josserand ; tandis que Léon compte sur sa liaison avec Mme Dambreville pour s'assurer un riche mariage et qu'Hortense harcèle Verdier pour lui faire « lâcher » sa maîtresse, leur mère lance Berthe à l'attaque dans les salons.

Dans l'escalier, le concierge, M. Gourd, incarnation féroce de la duplicité bourgeoise, couvre d'un voile pudique les rendez-vous galants du « monsieur distingué du troisième » et accable « l'ouvrier d'en-haut », accusé de « pourrir » la maison en y amenant sa femme légitime !

Sans illusion sur la pot-bouille bourgeoise, Octave tombe pourtant dans les platitudes de l'adultère avec Berthe. Surpris par le mari, il doit quitter les lieux mais il regagnera l'estime de tous par son mariage avec Mme Veuve Hédouin. Lors d'un repas de réconciliation générale, il entend Duveyrier se glorifier d'avoir obtenu une condamnation à cinq ans pour un cas d'infanticide, tandis qu'Adèle, la souillon des Josserand, accouche seule, sous les toits, des œuvres du magistrat, et se débarrasse de l'enfant dans le passage Choiseul.

COMMENTAIRE

« *Pot-Bouille*, la cuisine de tous les jours, le pot-au-feu bourgeois. » À la morale des convenances, à ces bourgeois qui ont condamné la « littérature putride », à ceux qui disent, comme l'écrira Alexis en 1882, « nous sommes l'honneur, la morale, la famille », Zola répond : « Ce n'est pas vrai, vous êtes le mensonge de tout cela, votre pot-bouille est la marmite où mijotent toutes les pourritures de la famille et tous les relâchements de la morale. »

Le panoptique de Zola : un espace de visibilité intégrale

Zola choisit l'espace panoptique* de la maison pour démasquer l'hypocrisie bourgeoise. Un tel cadre, qui évoque la coupe que le dessinateur Bertall faisait en 1845 d'une demeure bourgeoise pour montrer ses différents milieux, constitue un espace de visibilité où se donnent à lire l'endroit et l'envers du décor : côté grand escalier, le jeu des mondanités, côté cour, le « flot d'ordures » jeté par les domestiques, qui dévoile les dysfonctionnements de la famille bourgeoise. Pour traverser ce théâtre, il fallait l'artifice d'un regard, ce sera celui d'Octave Mouret.

Si la maison, avec ses panneaux de faux marbre, affiche les signes de l'aisance et de la respectabilité, l'appartement des Campardon, transition entre le luxe des dominants et l'étalage laborieux des prétendants, avec sa peinture éraillée et ses caissons fendus, laisse déjà percer la fragilité de cette grandeur de façade où s'inscrivent la hiérarchie des « mondes » bourgeois et le cloisonnement des classes. De même que la ville a relégué le prolétariat à sa périphérie, la maison relègue ses ouvriers au dernier étage, celui des bonnes, et la toile grise qui remplace le tapis rouge après le troisième trace la ligne de démarcation qui sépare les parvenus (les Vabre et les Duveyrier) des arrivistes (à côté d'Octave, les Pichon et Mme Josserand, enragée par le modeste emploi de caissier de son mari).

Une anatomie du goût

« Du côté des Duveyrier », au milieu du salon blanc et or où trône le piano à queue, Clotilde peut impressionner ses invités de son répertoire à demi-savant. Sous la lumière aveuglante du lustre et des appliques, habits noirs, décolletés et éventails, bref, une société choisie. Les conversations sur la domesticité exhibent le statut des maîtres : tandis que Clotilde fait preuve de tolérance pour ses trois domestiques (dont un valet de chambre, élément de prestige), les autres accablent leur unique bonne de privations et de brimades car, plus l'accession à la bourgeoisie est fragile et récente, plus il est nécessaire de se démarquer du peuple.

« Du côté des Josserand », « une brioche mal cuite », des biscuits poussiéreux, une « nappe grise trop étroite » disent la « misère vaniteuse » de ces dames, condamnées à rafistoler leurs robes à chaque saison. Un « demi-jour » noie le salon dont le piano droit, « déverni, essoufflé par quinze années de gammes », fait une triste caricature de celui de Clotilde.

Ainsi, avant Proust, Zola élabore une anatomie du « goût ». Les Josserand, pauvres de capital et de culture, tentent de se hausser au niveau des Duveyrier en adoptant les pratiques artistiques de ceux-ci. Mais Berthe, avec ses romances sentimentales et ses galops, garde leur « mauvais goût » et c'est une invitée qui introduit chez elle *La Dame blanche* de Boieldieu, l'opéra comique, genre de prédilection des parvenus. Les Duveyrier, économiquement et socialement dominants, attendent eux aussi de la musique la consécration, la sanction symbolique de leur importance. Il leur manque cependant la compétence : Clotilde, impuissante à déterminer la tessiture vocale de Trublot, l'a d'abord cru baryton, puis ténor pour enfin l'« employer comme basse » ! Son répertoire ne dépasse pas le « goût moyen », Chopin, romantique, Grétry et ses fades pastorales, Meyerbeer et ses rengaines boursouflées, obéissant à un schéma immuable dont Zola épingle le ridicule : « la phrase mélodique [...] reparaissait encore, toutes les voix [...] la lançaient à pleine gorge, dans une progression, dans un éclat final d'une puissance extraordinaire. C'était comme une rafale [...] pâlissant les invités dont les oreilles saignaient ». Dans ce système de la **distinction**, l'auteur, bien que muet, proclame très haut son point de vue : il écrit « en haine du goût ».

Le point d'orgue de cette épopée du piano (la bonne à tout faire de la musique bourgeoise) dit à lui seul l'ironie du romancier : la descente sociale de ce signe distinctif sera achevée lorsque Clarisse, la cocotte, pataugera dans ses gammes « en déchaînant une tempête de notes fausses ».

Filles à marier : une école de l'adultère

Mme Josserand saisit parfaitement les gains symboliques liés aux pratiques culturelles : elle écrase le caissier de son mépris en brandissant *Jocelyn*, l'épopée de Lamartine, et tempête contre la bonne qui, préposée aux soins du corps, a la fâcheuse tendance de « traîner dans la cuisine » les choses de l'esprit. Celles-ci sont pour elle et ses pareils, des pères et des mères « poussant devant eux des troupeaux de demoiselles à marier », les éléments d'une stratégie d'ascension sociale, une laborieuse spéculation, un placement : pour s'élever dans le monde, il faut y placer ses filles et donc paraître. Telle est la devise de Mme Josserand : « lorsque j'ai eu vingt sous, j'ai toujours dit que j'en avais quarante ». Josserand passera ses nuits à « faire des bandes » mais sa femme aura ses mardis. C'est en « sergent » qu'elle donne ses ordres pour la bataille : Berthe jouera « fort » pour compenser la vétusté du piano, elle tentera le « coup de l'aquarelle » après le « coup de la sonate », sous le patronage littéraire de Lamartine, en bonne place au salon.

Cependant, il ne s'agit plus seulement ici de définir le « goût moyen » de la bourgeoise (le romantisme) pour lui opposer le « goût légitime » des élites incomprises (le naturalisme) ; les choix littéraires seront la pierre de touche de l'échec de l'éducation des filles en milieu bourgeois, illustré par le « cas » Marie Pichon. Préservée des promiscuités du pensionnat, Marie lira *André*, de George Sand, mais refusera Balzac parce qu'il « ressemble trop à la vie ». Balzac et George Sand, la source de deux « fleuves », celui du « rêve », celui du « vrai ». Or, c'est « le vertige de l'idéal » qui fait tomber Marie dans « la vilaine prose de l'adultère ». Comme le proclamait déjà *La Moralité en littérature*, « chez une femme qui prend un amant, il y a toujours au fond la lecture d'un roman idéaliste ». Depuis Balzac au contraire, les naturalistes qui, « avec une méthode chirurgicale », descendent « au milieu des misères et des folies humaines », font œuvre authentiquement moralisatrice, tandis que « l'honnêteté sentimentale et fausse » ferait « pleurer une mère qui a vendu sa fille dix fois » ! Ainsi une tante vertueuse livre Fifi aux vices de Bachelard et l'angélisme de Lamartine n'empêche pas Mme Josserand de « prostituer » Berthe dans cette curieuse leçon de maintien : « On est aimable, on a des yeux tendres, on oublie sa main [...]. S'ils vont trop loin, ne fais pas la niaise ». Berthe pêchera un amant comme elle a pêché un mari.

L'adultère est en effet la contrepartie de l'éducation des filles et des marchandages du mariage bourgeois. Il représente pour Clotilde, « la femme cloîtrée au fond de ses devoirs [...], la gorge et la taille sanglées dans un corset cuirassé de baleines », la meilleure gestion de la sexualité. Le conseiller ira porter ailleurs ses répugnantes « plaques rouges ». À Valérie, il assure cette descendance dont la prive l'impuissance de Théophile et l'installation de Gasparine sous le toit conjugal offre à Rose Campardon, dont l'empêchement physiologique fait une « idole sans sexe », un confort douillet.

C'est que, dans un monde de faux-semblants, on n'est jamais sûr de rien : les Josserand cachent la « tare » de la famille, l'idiot Saturnin, et Mme Duveyrier consulte le docteur Juillerat pour savoir si Berthe est « tout à fait bien constituée ». « Les parents, dans leur appétit de mariage, avaient des cauchemars de forçats distingués, en habit noir ». L'abbé Mauduit jette pourtant sur toute cette boue un voile pudique, « comme pour en dérober les hontes au ciel lui-même ».

Comme au théâtre

Pour dénoncer l'hypocrisie bourgeoise, Zola explore tous les registres du théâtre. La tragédie n'est ici que la forme menteuse dont se drapent les situations du vaudeville : qu'on songe à Mme Josserand, dans sa « fureur de reine qui se contient pour ne pas tomber à des mots de poissarde » et qui jette à la tête de son mari « son père, ruiné par une bonne, sa sœur, sauvée avec un officier ». Matamore grotesque, « anéantie à l'heure du triomphe par les fatigues de sa terrible campagne de trois hivers », elle est le plus magistralement campée des fantoches de la *Pot-Bouille*.

Le contrepoint, tel que Flaubert l'avait utilisé dans l'épisode des comices, et l'aparté traditionnel de la comédie démystifient les mises en scène de la vertu : tandis que Duveyrier se félicite de ce que « la religion moralise le mariage », Trublot invite Octave chez la maîtresse de celui-ci, et, pendant que s'éteignent les furieux accords de Clotilde, un cri de

Berthe compromet Auguste « derrière le rideau rouge », révélant la finalité de l'art bourgeois. La scène de la « Bénédiction des Poignards » théâtralise encore toutes les ambitions et tous les vices de cette société : de médiocres bourgeois jouent les seigneurs ou les échevins et Trublot, Priape* du cinquième, fait... « un moine » ! Cependant, c'est au chœur des bonnes, vouées à la souillure, qu'il revenait de dire, en déversant un flot d'ordures dans le boyau noir sur lequel donnent toutes les cuisines, le leitmotiv obsédant des dessous douteux de la bourgeoisie.

Au Bonheur des Dames

RÉSUMÉ

Denise, jetée sur le pavé de Paris avec ses deux frères, ne trouve pas, chez son oncle Baudu, l'asile espéré. Embauchée au « Bonheur des Dames », malgré la concurrence acharnée des autres demoiselles de magasin, elle gravit un à un tous les échelons de la hiérarchie. Séduit par sa vertu plus que par sa beauté, Mouret, le patron célibataire qui refusait le mariage pour donner à toutes les femmes l'illusion de leur appartenir, succombe pourtant à l'amour. Ses noces avec Denise sont un peu la revanche de toutes celles qu'il a abusées.

COMMENTAIRE

Si la famille bourgeoise engendre les frustrations, de modernes chevaliers du commerce sauront tirer profit de ses dysfonctionnements. Zola ne pouvait donc manquer d'explorer l'univers des grands magasins. Au prix de quelques anachronismes, l'écrivain a fait de ses descriptions un véritable manifeste pour l'Art Nouveau en même temps qu'une psycho-sociologie de la consommatrice.

« Au vieil Elbeuf » : requiem pour le petit commerce

L'enseigne du « Vieil Elbeuf, draps et flanelles, Baudu, successeur de Hauchecorne » dit à elle seule la routine boutiquière : la fille de la maison est vouée au premier commis et les tissus s'empoussièrent d'une génération à l'autre. Baudu, enragé par le « monstre » qui le nargue sur le trottoir d'en face revendique les « finesses », les « roueries » du métier : « L'art n'était pas de vendre beaucoup, mais de vendre cher. » Son refus du changement le condamne à disparaître, comme ses voisins. Robineau entame avec le « Bonheur des Dames » une lutte acharnée sur les prix, dont il sortira exsangue, et Bourras, qui sculpte ses manches de parapluies prophétise en vain la mort de l'art dans les « bâtons [...] achetés à la grosse » ; Mouret détruira sa boutique, cette « verrue » accrochée à son empire. L'enterrement de Geneviève Baudu redouble symboliquement toutes les faillites du quartier dans un défilé lugubre, point d'orgue de cette « dégénérescence dernière d'une longue famille poussée à l'ombre [...] dans cette cave du vieux commerce parisien ».

Mais cette agonie se lit aussi dans la « vision de l'ancien Paris mouillé », dans « l'haleine du vieux quartier ». L'air et la lumière balaieront les plafonds bas, l'entassement des marchandises sombres, les « baies de prison » des vitrines sans fantaisie où s'alignent les parapluies et les cannes par « files régulières ».

Circulation économique et lutte pour la vie

Ce monde de gagne-petit ne pouvait survivre à la dynamique inexorable de la machine capitaliste, cet organisme géant qui semble digérer les marchandises, ne gardant de leur passage que le dépôt régulier de l'or au fond des caisses : « l'escalier de la rue de la Michodière dégorgeait sans relâche les marchandises englouties par la glissoire de la rue Neuve-Saint-Augustin, après qu'elles avaient passé, en haut, à travers les engrenages des comptoirs ». Le secret de la fortune de Mouret, c'est en effet la **circulation**, le galop de la rue traversant le magasin et la rotation rapide du capital par le renouvellement incessant des stocks : le faible bénéfice de 4 % produit des millions dans la ronde folle de l'argent.

Mais, pour assurer la tranquille digestion de l'ogre, il faut un génie de la mécanique administrative, une extrême rationalisation de la « lutte pour la vie » : Mouret « lâchait les passions, [...] laissait les gros manger les petits, et s'engraissait de cette bataille des intérêts ». Les intérêts du chef de rayon, touchant son pourcentage sur le chiffre d'affaires de son comptoir sont ainsi tempérés par ceux du gérant qui touche le sien sur le bénéfice total du magasin ; quand l'un baisse ses prix pour éviter les stocks, l'autre surveille la marque. À l'échelon inférieur, le vendeur est motivé par la « guelte », la prime, et le tant pour cent (qui triple parfois le fixe). Enfin un bureau de défalcation, encouragé lui aussi par des primes, fait la chasse aux erreurs dans les notes de débit.

Phalanstère, paternalisme et moralité

Si la passion du gain lance les employés les uns contre les autres, les individualités s'effacent pourtant dans « le branle de la machine ». Demoiselles promenant « leurs grâces marchandes », vendeurs du « meilleur genre », « tous n'étaient que des rouages [...] abdiquant leur personnalité, additionnant simplement leurs forces, dans ce total banal et puissant de phalanstère ».

Dans le destin de Denise, Zola a montré comment les grands magasins avaient désamorcé peurs et conflits par le paternalisme. Toute la première partie du roman peint en effet la dureté des conditions de travail qui déstructurent la famille et sa morale « naturelle » : « désaccoutumés du foyer » par cette « vie d'hôtel et de table d'hôte », les Lhomme ne songent même plus à passer le dimanche ensemble et, si Denise résiste à toutes les séductions de la rue, d'autres employées y succombent sans remords. C'est bien là ce qui inquiète les bourgeoises qui fréquentent le salon de Mme Desforges, affolées de voir ces nouvelles venues, « entre la boutiquière et la dame », grignoter leur prestige : « On se dévorait devant les comptoirs, la femme y mangeait la femme, dans une rivalité aiguë d'argent et de beauté. »

Or le paternalisme suscite « cette montée naturelle vers la bourgeoisie » en réintroduisant dans l'entreprise les valeurs clefs de la classe dominante. C'est ici Denise qui « plaide la cause des rouages de la machine [...] par des arguments tirés de l'intérêt même des patrons ». Comme Marguerite Boucicaut au Bon Marché, elle crée une caisse de secours mutuel, rénove chambres et réfectoires, organise des cours et même des concerts pour « pacifier » les salariés.

Art, séduction et marchandise

C'est par sa domination de la femme qu'Octave établit son empire, lui qui possède l'art de la « griser d'attentions galantes », de « trafiquer de ses désirs », d'« exploiter sa fièvre ». Toutes se laissent prendre à ses pièges, l'entassement des marchandises, le désordre calculé des comptoirs, le bon marché, les occasions et les « rendus », dernière trouvaille pour déculpabiliser l'achat.

C'est avec un véritable talent d'artiste et de coloriste que Mouret dispose ses étalages. En rupture avec l'école classique de la symétrie, il se veut « l'étalagiste révolutionnaire [...] qui [a] fondé l'école du brutal et du colossal ». Avec ses écroulements d'étoffes, le magasin déploie la magie de ses métamorphoses, tour à tour paysage rustique ou alpin, tabernacle, bouquet de cascades vibrant du ruissellement des satins « aux tons nacrés d'eau de source » et des soies légères « aux transparences de cristal », jardin féerique où « une moisson de foulards » sème « le rouge vif des géraniums, le blanc laiteux des pétunias, le jaune d'or des chrysanthèmes, le bleu céleste des verveines ». Et Mouret a bien le talent du peintre pour décliner les teintes chaudes des orientalistes, les laques tendres du Japon, la « gamme montante » du blanc, les couleurs éblouissantes de la palette impressionniste, les rouges, les verts, les jaunes qui « aveuglent l'œil ». « La haute clientèle de l'art » reste sous le charme lorsqu'elle croit reconnaître, au milieu de « ces visions d'Orient » et de ce « luxe barbare » ... un Delacroix...

Enchanté du projet de Frantz Jourdain pour le grand magasin de la Samaritaine, Zola fait d'Octave un pionnier de l'Art Nouveau. Il s'attarde sur l'élégance de ces palais de verre, sur les courbes hardies des escaliers et des ponts de fer « jetés dans le vide », sur l'ornementation de briques émaillées, de mosaïques et de faïences colorant façades et voûtains. Il s'émerveille, au cœur du vaste « chantier contemporain », de ces « cathédrales du commerce moderne » qui, offrant toujours plus d'air et de lumière, réalisent l'idéal fouriériste. Supplantant le passage comme modèle architectural du phalanstère, le grand magasin semble bien le règne de cette « attraction passionnée » qui trouve dans ce cadre la satisfaction du premier de ses buts : le « luxe ou plaisir des cinq sens » mis « au service de la société ».

Consommation et détraquement du désir

Mais le grand magasin n'en reste pas moins inquiétant par les désirs qu'il déchaîne. Lorsque Mouret, en « roi despotique du chiffon », suit du regard « son peuple de femmes », c'est pour lire, dans les « sourires nerveux » et les « mains fiévreuses » le ravage de tous les « appétits de luxe ». Aucune qui ne trouve là sa part de jouissance, plaisir des yeux, « joie sensuelle » de plonger ses mains dans les tissus, « les doigts tremblants de désirs » ou d'être « broyée », de « baigner dans la caresse de l'offre publique ». De manière contradictoire, Octave exploite et résout ainsi le problème de l'hystérie féminine : en canalisant les insatisfactions sexuelles dans une logique de la possession, le bazar géant assume une triple fonction économique, psychologique et sociale. La passion nerveuse, autrefois dépensée en pure perte dans les églises, est recyclée au profit de l'expansion capitaliste. La fortune de Mouret est certes édifiée sur l'oppression des femmes comme le Bonheur des Dames est fondé sur le sang de Mme Hédouin, tombée symboliquement dans les fondations du grand magasin. Paradoxalement cependant, le sacrifice des femmes sur l'autel du commerce les achemine vers la libération en les faisant entrer dans un monde de valeurs laïques et la démocratisation du luxe fait du Bonheur des Dames un moyen d'accès à la culture et au progrès.

Les métaphores utilisées par Zola disent toute l'ambiguïté de sa perception. Tantôt, sensible à l'énorme machine qui broie les individus et promeut une société de masse, il peint le magasin comme une usine, une forge colossale, une gare, une mine, une fourmilière ; tantôt, fasciné par cet univers du spectacle, il y voit une foire géante, un temple élevé au culte de la femme, une tour de Babel entassant les étages, un modèle phalanstérien de cité ouvrière, avec ses rues et ses quartiers, qui emportera « l'édifice croulant des vieux âges ».

Pages intimes

Une page d'amour

COMMENTAIRE

Peintre inspiré des foules et des milieux, Zola sait aussi, retrouvant la tradition du roman d'analyse, explorer la psychologie de l'individu. Il veut ici faire « l'histoire générale de l'amour en [son] temps, sans mensonge de poète, sans parti pris de réaliste ».

Espace et transgression

Nulle part mieux que dans cette page intime, Zola n'a opposé l'espace clos de la « chambre-asile », garante de la pureté, aux dangers de la ville. Il décrit les progrès de la passion comme autant de transgressions des limites qui séparent l'espace public de l'espace privé ; bientôt Hélène se risquera dans ce Paris dont elle a si peur et qu'elle contemple à distance de sa fenêtre, et la rue la souillera de sa boue.

La maladie de Jeanne introduit les premiers désordres dans la forteresse d'honnêteté construite par la jeune veuve en l'obligeant à appeler, en pleine nuit, le docteur Deberle à son chevet. Dans l'intimité « violemment étalée » de la chambre, les corps se dévoilent et se rapprochent. Après la crise, la pudeur se réveille avec les premiers émois. Bientôt, malgré l'étrange sensation qu'elle éprouve devant la pente raide du passage des Eaux, Hélène l'empruntera pour retrouver le docteur. Ce boyau désert rappelle le thème du souterrain, lié, chez Zola, aux forces inconscientes qui habitent l'homme. Hélène, en franchissant la barrière qui la sépare de la rue, cède au désir, et l'épisode de la chute associe métaphoriquement* la boue à sa course sous un violent orage. Ses petits souliers d'appartement « crevés dans les flaques » du passage, ses bas « marqués d'une tache boueuse » sont l'inscription symbolique de la souillure qui remonte en elle du plus profond de l'enfance. De retour chez elle, elle s'attarde dans la cuisine, abolissant la distance qui doit séparer les maîtres des domestiques et trouve « dans cet abaissement [...] la profonde jouissance d'un besoin contenté ».

Le roman d'analyse et les tableaux de Paris

Dans les plaisirs de la rêverie autour de l'objet aimé, dans les charmes de l'attente et de la complicité, dans l'acquiescement à la fatalité de la passion et dans la désillusion finale, Hélène connaît les « époques » de l'amour analysées par Stendhal. Mais, pour Zola, la psychologie stendhalienne reste abstraite et tributaire de cette « rhétorique séculaire qui veut que l'homme seul existe et que seul il importe », ignorant l'action du **milieu**. Comme il le déplore dans *Les Romanciers naturalistes*, les personnages de Stendhal « fonctionnent hors du temps et de l'espace ». Ainsi, dans *Le Rouge et le Noir*, quand Julien prend la main de Mme de Rênal, « le milieu n'apparaît pas une seule fois » alors que celle-ci « devrait subir toutes les influences extérieures ». « Donnez l'épisode à un écrivain naturaliste [...], il fera entrer la nuit, avec ses odeurs, avec ses voix, avec ses voluptés molles. »

Or Paris est ici un véritable personnage, témoin du drame et « changeant d'aspect lui-même suivant les divers états d'âme des personnages ». Le réveil romantique de la ville est comme la métaphore* de la sensualité naissante d'Hélène : « Paris, justement, ce matin-là, avait la joie et le trouble vague de son âme. » Sous la mousseline flottante de ses nuées, la cité hésite à laisser tomber ses derniers voiles mais le désir triomphe devant la « forge géante » de Paris incendié par un coucher de soleil : « Et Hélène, baignée par ses flammes, se livrant à cette passion qui la consumait, regardait flamber Paris. » Ébranlée par la maladie de Jeanne, elle trouve pourtant dans la vision du Paris nocturne un frisson de terreur religieuse, mais elle succombe et l'orage gronde sur la ville à l'unisson du désespoir de l'enfant rongée de jalousie, hantée du sourd travail de la puberté : noyé sous la pluie, Paris souffle jusqu'à la fillette, par la fenêtre ouverte, tout l'inconnu de « sa vie puissante », une odeur « d'ordure et de crime » dont elle mourra. Bientôt, sur la tombe de Jeanne, au cœur du grand Paris impassible et silencieux sous la neige, Hélène sent s'éteindre sa passion.

Ainsi, à travers les images romantiques du Paris fournaise, du Paris océan et du Paris monstre, Zola fait de la ville un véritable actant soufflant les désirs ou la mort et consolant les chagrins.

La Faute de l'abbé Mouret

COMMENTAIRE

Comme Paris dans *Une page d'amour*, le Paradou est un véritable personnage. Zola choisit en effet d'opposer l'idéalisme chrétien et le naturalisme à travers la lutte de lieux symboliques.

L'église ou le culte du néant

D'emblée, la petite église desservie par Serge Mouret est assaillie par la profusion de la nature : les « flammes jaunes » du soleil, les branches d'un sorbier, les herbes folles, un moineau même se glissent à travers les fenêtres « fêlées, crevées » ou dans les « fentes » de la porte et « seul, au milieu de cette vie montante, le grand Christ mettait la mort ». Le jeune prêtre n'a pas fini sa messe que sa sœur Désirée, innocente Cybèle, introduit dans l'église « l'éternelle jeunesse de la terre » avec ses fermentations fécondes, ses accouplements sans malice, ses enfantements généreux. Mais Serge, qui, dans son culte de la Vierge, voudrait voir « sécher ses organes », ne trouve là que le rut lubrique du démon grimaçant aux gargouilles des églises romanes : « La Faute, s'écrie-t-il, souille tout. C'est une puanteur universelle gâtant l'amour, empoisonnant jusqu'aux fleurs pâmées sous le soleil. »

À force d'entendre le Frère Archangias tonner contre les villageois « pullulant sur leur fumier ainsi que leurs cochons » et hurler sa haine des femmes qui « puent le diable aux jambes, aux bras, au ventre, partout », Serge en vient à s'inquiéter même de la maternité de Marie, continuant « au ciel la poussée débordante de la génération ». Terrassé par la fièvre du néant, il va guérir au Paradou, où l'a « transplanté » le Docteur Pascal.

Rêve d'orient

Le jardin mythique d'Albine a l'innocence luxuriante du naturalisme de l'Extrême-Orient ignorant la faute, le péché, célébrant dans un bonheur serein toute la création, du plus petit brin d'herbe aux joies de l'accouplement.

Tout rappelle en effet cette esthétique que l'Exposition universelle de 1867 avait révélée au grand public : les chardons ont l'« élégance des brûle-parfum chinois », les fuchsias celle des « joujoux du Japon » et les descriptions du jardin, dont les roses habillent la jeune fille de leur « finesse de soie », de leur « satin », de leurs « robes montantes de laine », sont autant d'évocations de kimonos. Ces « robes-tableaux » rassemblent, comme l'écrira Edmond de Goncourt, « toutes les choses et les êtres de la nature vivante et inanimée » : des robes « émaillées de fleurs », « branchagées de ramilles et de tortils d'arbustes », « sillonnées de cours d'eau » et de cascades, peuplées, comme le Paradou, d'« oiseaux des îles ».

Au jardin d'Albine, comme dans l'estampe japonaise où l'élan de la stylisation permet le passage sans rupture du végétal à l'animal, les règnes se confondent comme dans ce feuillage « plein d'un papillonnage de fleurs aux ailes de soufre tachées de laque tendre » ou dans ces « vols de papillons » aux ailes battantes pareilles à « des fleurs envolées secouant leur parfum ». Zola descend jusqu'à cette peinture du monde des petits animaux et des insectes que les Japonais appellent « vue sous le coude » : grillons, cigales, sauterelles, lézards, mouches même semblent des « boutons de saphir, de rubis et de topaze ».

Mais, dans le monde sans culpabilité de ce Paradou japonisant, auprès duquel « les ombrages du verger d'Europe devenaient fades », va se rejouer le drame judéo-chrétien de la Faute. Nouvel Adam au premier jour du monde, Serge retrouve la vie dans le souffle d'Albine, cette Eve « souple comme un serpent » qui le mène à la recherche de l'Arbre,

« l'endroit le plus délicieux du jardin » : « Alors seulement nous connaîtrons tout, lui dit-elle, nous serons les vrais maîtres. »

Sous l'arbre fécond, dans la volupté de l'air au « goût de fruit », « ils cédèrent aux exigences du jardin », et « le parc applaudissait formidablement ». Mais une brèche dans le mur du Paradou suffit au Frère Archangias pour chasser les amants du Paradis. Serge, repris par l'Église, renie l'amour et la vie, voulant « la mort qui délivre, qui sauve de toutes les pourritures » tandis qu'Albine, rassemblant toutes les fleurs aimées en un philtre empoisonné, s'éteint dans une symphonie de senteurs : le « prélude » des verdures, le « chant de flûte » des violettes, la « voix de cuivre » des œillets et « le chœur » des roses s'éteignant dans « le soupir » des tubéreuses. « Albine était morte dans le hoquet suprême des fleurs. »

La Joie de vivre

COMMENTAIRE

Poète de la vie, Zola est pourtant pris à son tour dans le vertige du néant. La mort de sa mère et celle de Flaubert font passer sur sa face le « souffle glacé du jamais plus » mais il saura surmonter ses angoisses et les tentations noires de la philosophie de Schopenhauer dans *La Joie de vivre*. Il y met en scène beaucoup de lui-même et des siens, il prête à Lazare ses angoisses et ses manies névrotiques pour conjurer la mort (compter ses pas, toucher les objets aimés un nombre rituel de fois) et décrit l'agonie de sa mère, prise d'horreur pour Alexandrine, dans celle de Mme Chanteau persuadée que Pauline veut l'empoisonner.

Le pessimisme et le « vouloir vivre »

La philosophie de Schopenhauer (philosophe allemand, 1788-1860), très en vogue en cette fin de siècle, fait de la douleur la seule réalité effective, conséquence de cet absurde « vouloir-vivre » qui jette les êtres au devant du malheur : pour rien au monde les habitants de Bonneville ne renonceraient à ce village qu'ils ont « fourré sous les vagues », pour rien au monde Chanteau ne renoncerait au plaisir gourmand de la table ; et toujours la souffrance est au bout, les maisons avalées par la mer, les crises de goutte qui font « gueuler » Chanteau. Il faut donc nier la volonté pour guérir la vie.

Seul l'anéantissement de soi dans la contemplation artistique ou l'idée philosophique « de la mort prochaine », en arrachant l'homme à l'action, lui apporte la paix. Ainsi, c'est la vue du cimetière qui calme en Lazare « la terreur du néant » et sa « Marche de la Mort », grande « symphonie de la Douleur », exorcise pour un temps en lui le désir d'éternité, rêve absurde et maladie honteuse du pessimiste. Car « l'attente bienfaisante de la mort » est littéralement contre nature et Lazare, le ressuscité, repris par le vouloir-vivre, se jette dans l'action en velléitaire impuissant, torturé par l'angoisse du néant, pour n'avoir pas su acquiescer à la simple « joie de vivre » qui veut la dualité, le flux et le reflux que nous enseigne la mer.

La mer, institutrice de la vie

D'emblée Pauline, marquée par le « flot de la puberté », cette « marée de sang » cyclique, ressemble à « sa grande amie », la mer, qui lui apprend la patience de l'éternel recommencement en réglant « les battements de son cœur » sur son « mouvement d'horloge » : « Le recommencement de chaque journée l'enchantait, elle mettait son plaisir à refaire le jour ce qu'elle avait fait la veille. »

Au spectacle de l'océan qui émiette la côte, engouffrant les maisons des pêcheurs dans ses tempêtes, dévorant peu à peu la terre où s'accroche la vie des hommes, elle accepte elle aussi d'être émiettée, de voir l'héritage des Quenu grignoté puis englouti par les dépenses des Chanteau, les folies de Lazare et par ses déshérités, cette « vermine » poussée dans la pourriture de l'alcoolisme, du vol, de la violence et du vice, ce « nid d'insectes nuisibles » où pousse encore la vie. « Pendant contraire de Nana », la dévoreuse, Pauline se donne à fonds perdus, sacrifie son amour et jusqu'à sa maternité au fils malvenu des amours de Louise et de Lazare. Lazare, lui, n'a rien appris de la mer : il « regardait la vie comme une duperie, du moment où elle ne durait pas éternellement [...], voulait [la] supprimer » afin de supprimer ce « froid du jamais plus » qui vient se coucher jusque dans « le lit brûlant de ses noces ». Son combat contre la marée de la vie est perdu d'avance. La mer réduit « en miettes » les épis dont il tente de dompter l'assaut furieux des vagues. Sa volonté se brise, « émiettée » en mille projets avortés (Lazare est aussi l'inverse d'Octave Mouret), son être tout entier s'émiette (ses dents, ses cheveux tombent et ses proches un à un sont rendus à la poussière, sa mère, son chien, sa bonne).

Dans son combat contre la **mer**, Lazare insulte la **mère**, celle qui en donnant la vie à l'individu comme la mer l'a donnée à l'espèce, lui a donné aussi la mort : « Tout le mal venait des femmes [...] éternisant la douleur par le désir » qui refait toujours de la souffrance en refaisant de la vie. Mais le flot de la vie triomphe dans les maternités sans fin de la Minouche, dans la résurrection du fils de Lazare par Pauline et dans la passion juvénile de Chanteau pour la « joie de vivre » : « Vivez, dit-il [...], la joie est dans l'action. »

Un monde à part

Nana

RÉSUMÉ

Prostituée sortie des bas fonds de *L'Assommoir*, Nana est lancée dans le monde par le théâtre. Partagée entre le sens de ses intérêts et une nature fantasque, elle connaît « des hauts et des bas » qui permettent à Zola de décrire toutes les formes de l'amour vénal et d'explorer toutes les perversions d'une société corrompue, incarnée par ses amants. Elle mourra, pourrie de petite vérole, tandis que l'Empire en décomposition s'engouffre dans la guerre qui lui sera fatale.

COMMENTAIRE

En 1879, en réunissant le roman du théâtre et celui de la prostitution, Zola continuait son combat de journaliste contre l'opérette et le vaudeville. Rompant avec les figures romantiques de grisettes sentimentales, il voulait « planter debout une fille, la première venue ». Mais au-delà de cette volonté naturaliste, qui animait déjà Huysmans (*Marthe*, 1876) ou Goncourt (*La Fille Élisa*, 1877), Zola a élevé Nana jusqu'au symbole : « le poème des désirs du mâle » est aussi le mythe de la décomposition d'une société par « la pourriture d'en bas, l'Assommoir se redressant et pourrissant les classes d'en haut ».

La Blonde Vénus

Wagnérien convaincu, Zola n'a pas pardonné aux élites impériales d'avoir sifflé *Tannhäuser* en 1861 et d'avoir applaudi Offenbach qui ridiculise « la musique de l'avenir » dans cette parodie qu'en propose *La Belle Hélène*. Reprenant à son compte les procédés musicaux de Wagner, (retour thématique, leitmotiv, contrepoint), l'auteur de *Nana* poursuit de « toutes ses haines littéraires » les inepties de l'opérette, la donnant pour ce qu'elle est, une basse prostitution de la musique : « J'aboie, écrivait-il dans *La Tribune* en 1869, quand j'entends la musique aigrelette de M. Offenbach. Jamais la farce bête ne s'est étalée avec une pareille impudence. » *La Blonde Vénus*, où triomphe Nana, pastiche *La Belle Hélène* : même cadre mythologique, même traitement bouffon des dieux et des héros de l'Antiquité. Mais, si Zola déplore de voir « ce carnaval des Dieux », cet « Olympe traîné dans la boue » faire les délices d'un public imbécile, il s'insurge surtout contre l'hypocrisie de tels spectacles et leurs effets démoralisateurs. L'air d'entrée où Diane « se plaignait de Mars en train de la lâcher pour Vénus fut chanté avec une réserve pudique, si pleine de sous-entendus égrillards, que le public s'échauffa », d'autant que l'artiste « soulignait les traits » : à court de voix, Nana donne « un coup de hanche [...] ; on saisissait les allusions, on ajoutait des obscénités, les mots inoffensifs étaient détournés de leur sens par les exclamations de l'orchestre ». Sans illusion sur la nature du spectacle, le directeur des Variétés interrompt tout propos sur son « théâtre » d'un « dites mon bordel », avec « le froid entêtement d'un homme convaincu ». Nana peut chanter « comme une seringue », se tenir mal en scène, elle a cet « autre chose » qui fait flamber le désir des hommes. Vivant symbole du sexe, elle prend possession du public dans sa splendide nudité de Vénus de barrière : « la femme se dressait, inquiétante, [...] ouvrant l'inconnu du désir ».

Nana « dévoreuse d'hommes »

Nana, dès lors, n'est plus que cette « idole du sexe » qui va défaire toutes les hiérarchies et tous les cloisonnements sociaux, emportant dans sa ronde folle journalistes, banquiers, hauts fonctionnaires, petits nobles de province, jeunes et vieux. Si sa femme de chambre, au lendemain de son succès, règle encore le ballet de cette meute d'hommes « tapant à la file sur le bouton d'ivoire » en les entassant dans des pièces séparées, bientôt les coulisses réuniront monde et demi-monde dans une parodie bouffonne où le roi Dagobert (l'acteur Fontan), sa couronne de fer blanc encore sur la tête, trinquera avec le prince d'Écosse, le comte Muffat, chambellan de l'empire, et le marquis de Chouard, son beau-père, dans la loge de Nana qui joue la grande dame « ouvrant ses petits appartements aux personnages de l'État ». Ce sont les mêmes hommes qui fréquentent ensemble les soupers de la cocotte et les soirées de la comtesse Sabine.

Nana, installée par Muffat dans un hôtel de l'avenue de Villiers, règne sur Paris et sur son peuple d'hommes. « Rentière de la bêtise et de l'ordure des mâles », cette « dévoreuse » sème la ruine et la mort sur son passage, heureuse de « tout avoir pour tout détruire ». Grandie jusqu'au mythe, incarnant la toute-puissance du sexe, elle engloutit tout dans l'abîme de son hôtel : les vestiges nobiliaires de Vandœuvre, la richesse domaniale de La Faloise, « les louis des spéculateurs comme les sous des pauvres gens » amassés par le banquier Steiner, l'honneur des Hugon. Elle désorganise la famille Muffat, ruinant le comte, provoquant sa démission de chambellan devant « les pudeurs révoltées des Tuileries ». Elle apporte le ferment de décomposition qui lézarde la maison et lui donne un éclat de forge, le soir du grand bal donné pour les noces d'Estelle et de son ancien amant de cœur, Daguenet. Les femmes honnêtes ne dédaignent pas les restes des cocottes...

Nana et Sabine : la femme dans tous ses états

La fêlure était là dès le début dans ce double de Nana qu'est la comtesse Sabine, comme le suggère son fauteuil, seul « coin de fantaisie » dans l'austérité du salon Empire, d'où montent des rires « sonnant le cristal qui se brise ». Cette « chaise profonde, dont la soie rouge capitonnée avait une mollesse d'édredon » est déjà « le commencement d'un désir et d'une jouissance ». Mais c'est surtout le grain de beauté que Fauchery aperçoit sur la joue gauche de la comtesse, si pareil à celui de Nana, qui semble la « signature » d'une occulte nature sensuelle : Sabine se donnera au journaliste avant de tomber dans les bras d'un chef de rayon et de dilapider sa fortune avec Muffat ; sa propriété des Bordes (« dites son bordel ») sera vendue et l'hôtel transformé en palais babylonien pour une fête éblouissante où se coudoient « de grands noms et de grandes hontes ».

La boue de la rue dans laquelle était tombé Muffat traverse désormais la maison et la « voluptueuse paresse » qu'indiquait le siège de soie rouge s'est multipliée, élargie, jusqu'à emplir l'hôtel entier au rythme de la valse qui accompagnait le triomphe de Nana dans *La Blonde Vénus*.

Cette nature jumelle des deux femmes est révélatrice de la peur bourgeoise du sexe féminin : pour éviter les débordements de la bête dans l'épouse, il faut organiser ce que l'hygiéniste Parent-Duchâtelet appelait un « égoût séminal » (« dites le bordel »), mais avec cette crainte que le mari ne ramène à la maison des perversions qu'il aura apprises chez les filles. Pourtant la prostitution est indispensable à la morale bourgeoise qui condamne le plaisir. Comme le dit Nana, « si vous n'étiez pas des mufles, vous seriez aussi gentils chez vos femmes que chez nous, et si vos femmes n'étaient pas des dindes, elle se donneraient ». Seulement, la religion veille, comme le sinistre Venot ; elle fait de la femme le diable, le péché, la souillure, et la fréquentation des prostituées est la contrepartie des frustrations induites par l'éducation chrétienne. Celle de Muffat a endormi sa chair, l'a laissé ignorant, « plié à de rigides pratiques religieuses ». Il n'a trouvé chez sa femme qu'une « stricte obéissance aux devoirs conjugaux », éprouvant lui-même « une sorte de répugnance dévote ». Éveillé à la sensualité par la force de séduction de Nana, le comte vit son désir « comme une lente possession », souvenir des lectures pieuses de son enfance. « Nana, confusément, était le diable, avec ses rires, avec sa gorge et sa croupe, gonflées de vice. »

Créature fantasmatique*, Nana, redoublée dans la comtesse comme elle l'est dans Satin, la prostituée de bas étage, n'est alors que la projection du désir des hommes. Elle leur donne la réplique aux Variétés comme sur la scène du monde : qu'elle prenne un « air de princesse » ou un accent poissard, qu'elle goûte les charmes d'une idylle champêtre avec Georges Hugon, qu'elle triomphe au Bois au milieu des duchesses ou à Longchamp à travers la pouliche qui porte son nom, Nana n'existe que dans ses rôles.

Vaudeville

C'est que le théâtre dit la vérité de la vie comme la vie reproduit le scénario d'une mauvaise pièce dans un incessant jeu de miroirs. Dans *La Petite duchesse*, la femme honnête que Nana rêve d'incarner, prise pour une cocotte, tombe à la débauche, tandis que son mari, le duc de Beaurivage la trompe avec une étoile d'opérette. Le thème central du roman est là, en abyme*. Quant aux actions secondaires, Zola les organise avec le talent d'un vaudevilliste, jouant des procédés les plus usés du genre, chassé-croisé d'amoureux, situation triangulaire, rencontre imprévue des différents amants, allant parfois jusqu'à la pantomime grotesque : la comédie de Muffat imitant Nana dans le magasin des accessoires redouble celle de l'actrice qui se rengorge « avec des airs circonspects de grosse poule hésitant à se salir les pattes » pour montrer qu'elle peut jouer les dames.

Mais si Zola a repris à son compte les ficelles du vaudeville, c'est pour démystifier un genre détesté et hypocrite qui masque les sujets graves sous le tourbillon de l'intrigue et « ne veut pas savoir s'il y a de la boue et des crimes ». Cette boue et ces crimes scandent le roman de leur obsédante présence : la tache de sang qui barre l'entrée de la chambre de Nana après le suicide de Georges et la fin de la prostituée décomposée par la petite vérole sont à ce titre très symboliques.

La Bête humaine

RÉSUMÉ

Apprenant que sa femme, Séverine, a été pervertie dans son enfance par le président Grandmorin, Roubaud, fou de jalousie, prémédite le meurtre : Séverine attirera le vieillard dans le train de 16 h 30 qui doit ramener les époux au Havre. En visite à la Croix-de-Maufras chez sa tante Phasie, Jacques Lantier, mécanicien de la Lison, hanté par l'obsession de « tuer une femme », erre dans le labyrinthe sans issue du paysage désert quand, dans l'apparition foudroyante du train, il assiste au crime. Témoin dangereux, il est attiré dans le ménage Roubaud et trouve enfin un répit à son mal dans l'amour de Séverine. Jalouse de cette liaison, Flore, la fille de Phasie, provoque le déraillement du train qui conduit les amants à Paris, et se suicide, accablée de remords. Jacques et Séverine sont pourtant indemnes, mais la jeune femme, en avouant le meurtre à son amant, a réveillé en lui l'envie de tuer. Alors qu'elle a préparé un guet-apens à la Croix-de-Maufras pour se « libérer » de Roubaud, c'est elle que, dans sa folie, Jacques assassine.

Trouvé en possession de la montre de Grandmorin dérobée à Séverine, Cabuche, repris de justice au grand cœur, permet au juge de relier les deux affaires et d'arrêter Roubaud, accusé d'avoir deux fois armé son bras.

> Au terme de son voyage dans les profondeurs de « la bête humaine », Jacques, guéri, connaît une liaison sereine avec la maîtresse de Pecqueux, son « chauffeur ». Mais, attaqué par celui-ci, il doit laisser filer sa machine et meurt écrasé par le train fou qui conduit les soldats à la guerre, cette manifestation géante de la « pulsion de mort ».

COMMENTAIRE

Zola connaît les études de criminologie parues entre 1886 et 1888 et, renonçant aux figures pittoresques du crime que lui a léguées la tradition littéraire, il tente d'en élaborer une véritable psychopathologie individuelle dans *La Bête humaine*. Jacques n'est ni Vautrin, le forçat évadé qui, dans l'ombre, sape les fondements d'un ordre inique, ni Jean Valjean, le forçat au grand cœur, victime de la société. Dépassant la simple dimension sociologique du crime, Zola invente le sujet criminel.

Le criminel au jardin des espèces

En un siècle où les zoologistes classent les espèces et où les auteurs de dictionnaires font l'inventaire du monde, le roman zolien dresse d'abord une taxinomie* du crime. La bête humaine a des violences protéiformes : si le meurtre purement impulsif de Cabuche est un héritage des images romantiques (le Chourineur des *Mystères de Paris* n'est pas loin), Misard, « l'insecte rongeur », toujours à quatre pattes pour sonder le mur de la petite maison dans l'espoir d'y découvrir le « magot » caché par Phasie, incarne le degré zéro du mobile : il tue froidement, avec la volonté têtue de l'idée fixe, au milieu d'une vie végétative rythmée par les gestes du métier, en instillant sournoisement le poison dans le sel et dans les lavements de sa femme. L'obsession criminelle du garde-barrière redouble ici la rationalité technique du chemin de fer, avec ses implacables régularités, ses finalités de maximalisation des profits.

Flore et Roubaud introduisent la dimension passionnelle du crime et Zola, d'entomologiste* épinglant ses insectes, se fait psychologue. C'est une jalousie féroce qui a poussé le sous-chef de gare au meurtre mais ce tempérament sanguin, prompt à des emportements de brute, s'enfoncera bientôt dans une indifférence morbide. Engourdi d'une « graisse lourde et jaune », il tolère l'amant de sa femme et, sans aller jusqu'au repentir, ne comprend plus « cette nécessité du meurtre » qui lui avait paru si évidente : la pulsion sexuelle est morte avec le crime, elle ne « flambe » plus que de la passion mécanique du jeu. Mais avec Flore, la passion raisonne : « convaincue de son bon droit à être aimée », elle qui est « plus forte et plus belle que l'autre », Flore pose le problème du « droit au meurtre » dans un roman qui se veut aussi une réponse à *Crime et Châtiment* de Dostoïevski. Le suicide de Flore indique assez la position de Zola : le droit au meurtre n'existe pas, le crime est d'essence pathologique. Seule l'étiologie, c'est-à-dire ici la cause du crime, fait problème.

Pulsion de vie, pulsion de mort : Éros et Thanatos

Manifestement, avant Freud, Zola s'est posé la question du statut du refoulement : pulsion sexuelle et pulsion de mort sont intimement liées, comme en témoigne la facilité avec laquelle elles se convertissent l'une dans l'autre. Tout le problème est donc de savoir laquelle est première. Le cas Grandmorin tendrait à prouver que c'est la pulsion sexuelle, corsetée dans les interdits sociaux qui revient sous la forme détournée de l'agressivité : le magistrat à la sexualité défaillante n'a-t-il pas violé Louisette, la sœur de Flore, avec un tel sadisme que la petite en est morte ? Mais le cas de Jacques, très complexe, tend à prouver le contraire. Hanté dès sa jeunesse par l'instinct de mort, Jacques a, au moment du meurtre, avec sa « mâchoire inférieure » avançant « dans une sorte de coup de gueule », les traits du « criminel-né » de Lombroso, qui tue sous la pression de l'hérédité : « Lui, à certaines heures, la sentait bien cette fêlure héréditaire [...], c'étaient, dans son être, des trous par lesquels son moi lui échappait [...]. Il ne s'appartenait plus [...]. Il en venait à penser qu'il payait pour les autres [...], les générations d'ivrognes dont il était le sang gâté. »

Dans la faillite du refoulement*, la sauvagerie de « l'ancien mâle emportant à son cou les femmes éventrées » fait retour mais il faut une pulsion singulièrement forte pour triompher de celui-ci : lorsque Séverine, pour se débarrasser de Roubaud, lui propose le crime « raisonnable », Jacques, sous le poids des idées acquises par l'éducation, se révolte : « Non ! Non ! il ne tuerait point [...], le raisonnement ne ferait jamais le meurtre, il fallait l'instinct de mordre. » Seule l'urgence du désir permet le retour du refoulé : c'est parce que la sexualité se révèle incomparablement faible face à cet « orgasme » démultiplié qu'est le meurtre dans le récit de Séverine que Jacques passe à l'acte : l'évocation des secousses qui raidissent le corps de Grandmorin après la pénétration du couteau exacerbe en lui une véritable fièvre criminelle et sexuelle : « vingt fois, trente fois, le couteau entra, le corps s'agita. Cela devenait énorme, l'étouffait, débordait, faisait éclater la nuit ». Dans la « pluie rouge » qui raye les ténèbres, dans ces « picotements », ces « pointes de feu [qui] lui trouaient la nuque », Jacques trouve physiquement la vérité de son désir. Il n'a cherché en Séverine que la réalisation fantasmatique* de sa propre pulsion de mort. Celle-ci n'est donc pas l'envers d'une impuissance comme on aurait pu le croire (Flore n'avait pas été déflorée) mais bien le désir primaire que doit faire taire tout l'édifice de la culture. Avant Freud donc, Zola introduisait Thanatos aux côtés d'Éros.

« L'inconscient »

La Bête humaine est par excellence susceptible d'une lecture psychanalytique : « L'Inconscient », ainsi devait s'intituler le roman du train, machine à désir, véhicule de métaphores, opérateur de vérité. Reliant inéluctablement un point à un autre, la ligne du chemin de fer est comme l'épure* du fatum, du Destin, un précipité du temps où viennent coïncider passé et présent, où flamboient les fulgurances d'une vérité soigneusement occultée : espace de dévoilement du crime, les fenêtres du wagon sont aussi l'écran où se projettent les fantasmes* de Jacques... et ceux du romancier. Zola exprime visiblement dans le détraquement de Jacques (n'oublions pas que c'est le prénom qu'il donnera à son fils...) une culpabilité de type œdipien*. La Lison, personnifiée, « d'une élégance fine et géante [...] avec son poitrail large, ses reins allongés et puissants », affiche la virilité de Jacques, qui l'aime « en mâle reconnaissant ». Or la machine condense les traits de la mère (la mère n'est-elle pas une géante pour l'enfant ?) et de la maîtresse voluptueuse. Tantôt, ménagère modèle qui « vaporise bien », elle économise le combustible (régulant le feu du désir) ; tantôt, fille sensuelle, elle dépense son énergie, exigeant de ses deux hommes qu'ils la « graissent abondamment ». Jacques et Pecqueux forment en effet un « ménage à trois » avec la Lison mais Jacques la « chevauche à sa guise, avec l'absolue volonté du maître », triomphant sans peine du mâle dérisoire qu'est Pecqueux (« Pé-queue », la queue du père...) avant que celui-ci ne le « punisse » de mort. Quant à Séverine, si elle est aimée, n'est-ce pas parce qu'elle a été complice du meurtre de cette figure paternelle qu'est Grandmorin ?

Mais on n'en finit pas si facilement avec le père : constamment celui-ci est là, surgissant avec le galop de la bête, l'ancêtre, qui arrive par derrière pour prendre le petit coupable aux oreilles. Et le train, c'est cela encore, le « surgissement phallique d'un regard en colère » (Borie), l'œil cyclopéen « toujours grandissant », jailli « comme de l'orbite des ténèbres ».

« Oedipe avait peut-être un œil de trop », disait Hölderlin... Le père, sans relâche, affirme ses droits sur la mère : après le meurtre de Séverine (la mère Sévère ?), Jacques s'entend respirer à l'extérieur de lui-même, fantasme* exemplaire de la « scène primitive ». Ce concept freudien renvoie à la manière dont l'enfant appréhende les rapports sexuels de ses parents : « Jacques s'étonna. Il entendait un reniflement de bête, grognement de sanglier, rugissement de lion ». N'est-ce pas la terreur de l'enfant qui vit la sexualité parentale comme violence, étranglement, dévoration ? Retrouvée par les amants, « la volupté douloureuse des bêtes qui s'éventrent pendant le rut » n'est que la projection dans le passé de l'espèce du fantasme infantile. En tuant Séverine, Jacques-Émile arrache la mère à la possession de l'Autre : « Elle n'était plus, elle ne serait plus jamais à personne. » Par là-même, il arrache la mère au risque de déraillement des désirs : entre l'enlisement dans la froide virginité de la neige et la surchauffe pulsionnelle de la bête, la Lison, « éventrée », « souillée de terre et de bave » (elle aussi violée) clôt de sa mort le conflit œdipien* qui hante toutes les œuvres de Zola de son triangle maléfique. En enracinant le crime dans une pulsion de mort primitive, Zola voulait peut-être, lui-aussi, se crever les yeux.

L'Œuvre

COMMENTAIRE

Zola a pris quelque distance avec les impressionnistes qu'il a soutenus de toute la fougue de sa jeunesse dans les Salons, de 1868 à 1881. « Le grand malheur, c'est que pas un artiste de ce groupe n'a réalisé puissamment et définitivement la formule qu'ils apportent tous, éparse dans leurs œuvres. » Cet inachèvement historique confirme les a priori « scientifiques » du romancier : chez l'artiste, la névrose originelle rejoint la monstruosité après avoir confiné au génie. Aussi Claude Lantier trouvera-t-il sa place dans ce « monde à part » où il côtoie le prêtre, la prostituée et le criminel. La folie d'une époque de recherche et de fièvre s'incarne dans la personnalité de ce talent avorté au travers duquel Zola retrace toute l'évolution de la peinture du XIXe siècle.

Les recettes de l'académisme et l'école du plein air

D'emblée, Claude rompt avec la tradition académique, avec les « éternelles « tartines » de l'École, cette peinture au jus de chique, honteusement cuisinée d'après les recettes » : on choisit une idée dans la mythologie ou dans l'histoire antique pour en faire le récit. On travaille en atelier, en soignant le **dessin** dont la couleur n'est qu'un accessoire, et en respectant la **perspective**, les proportions, la symétrie sur le modèle des maîtres anciens.

Ce sont ces recettes que Zola dénonce dans les Salons : « Prenez une Vénus antique, un corps de femme quelconque dessiné d'après les règles sacrées, et légèrement, avec une houppe, maquillez ce corps de fard et de poudre de riz ; vous aurez l'idéal de M. Cabanel », comme celui des Bouguereau, des Chassériau et des Gérôme, tous héritiers de la peinture « glaireuse » que Claude reproche à Ingres, le maître incontesté des académistes. C'est dans les Salons que s'étalent les « pompeuses vertus » de l'art officiel, « toute la défroque classique, l'histoire, le genre, le paysage », les portraits figés des parvenus et les « saintetés au miel », « tous trempés au fond du même cambouis de la convention ». Le regard de Claude au Salon dresse ainsi le catalogue écœurant du « bon goût » que va renverser son « école de plein air ».

Le peintre se réclame bien sûr des grands novateurs du début du siècle, Delacroix, « le vieux lion romantique », qui a su faire « flamber » les tons et estomper les contours ; Courbet, le réaliste, qui a osé les sujets nouveaux en introduisant le peuple dans l'univers de la représentation. En Courajod (le courageux Corot), il admire le maître des paysagistes qui, délaissant le paysage historique ou héroïque peuplé de nymphes, ont donné ses lettres de noblesse au paysage champêtre et trouvé au bord des rivières ou dans la forêt de Fontainebleau des motifs et des effets inédits. Mais Claude sent bien que « le grand décor romantique [...] craque et s'effondre » et que la peinture de Courbet « empoisonne déjà [...] le moisi de l'atelier ». Désormais, il faut « tout voir et tout peindre ! », peindre « la vie telle qu'elle passe dans les rues, la vie des pauvres et des riches, aux marchés, aux courses, sur les boulevards, au fond des ruelles populeuses, et tous les métiers en branle [...], et les paysans et les bêtes, et les campagnes ! [...] Oui, toute la vie moderne ! » On reconnaît là le répertoire impressionniste, celui de Degas, explorant l'entassement des individus dans les cafés et les théâtres, sur les champs de course, attentif aux gestes des repasseuses et des danseuses ; celui de Manet, Pissarro, Renoir, Monet ou

Caillebotte, célébrant le mouvement de la foule sur les grands boulevards, chantant la poésie de Paris ou les charmes de la vie rurale.

La carrière de Claude : une métamorphose du regard

Si Claude doit à Cézanne cette « terrible peinture » avec son « ardent ciel bleu », sa « campagne rousse » et ses « pins d'un vert dur et verni » dont la violence blesse Christine, sa compagne, et s'il tombe à la fin dans les errements d'un « symbolisme secret », « vieux regain de romantisme », il incarne par ailleurs toutes les révolutions qui ont marqué l'histoire de l'impressionnisme. Son *Plein Air* fait scandale comme *Le Déjeuner sur l'herbe* de Manet au Salon des Refusés en 1863. Même incompréhension, mêmes ricanements de la foule devant ce modèle nu entre deux hommes en habit : « Ce fut autour de lui [...] des cris, des huées [...]. Plein air. Oh ! oui, plein air, le ventre à l'air, tout en l'air, tra la la laire. » Il y a là une atteinte à la pudeur pour un public qui admire les nudités bien plus indécentes des académistes, pour peu qu'un voile exotique ou antique vienne en masquer la crudité. Le Zola des Salons, s'adressant aux jeunes artistes, stigmatisait déjà cette hypocrisie : « Si vous voulez peindre le nu, essayez d'abord d'être classiquement indécent [...]. À l'École, les Grecs et les Romains ne constituent qu'un prétexte pour dévêtir des personnages réels [...]. Là est l'habileté suprême : chatouiller les sens et faire crier à l'idéalisme. »

Claude, pour saisir « les choses et les êtres tels qu'ils se comportent dans de la vraie lumière », quitte l'atelier à la recherche du motif. Le voilà à Bennecourt, dans la banlieue parisienne, comme Pissarro, Cézanne, Guillaumin ou Sisley, retenu par « une vieille ferme, abritée de pommiers antiques », par les floraisons des jardins, plantant son chevalet à mi-coteau pour camper la Seine au premier plan ou saisir « quelques beaux effets de neige ». De la campagne, il ramène une vision éclaircie par la « science des reflets ». L'artiste se réclame en effet du physicien Chevreul dont les expériences de décomposition de la lumière par le prisme ont démontré que les couleurs ne sont pas la propriété des choses, qu'il n'y a pas de ton isolé, que toute couleur perçue appelle sa complémentaire. Ainsi le noir n'existe pas, le monde est couleur, et la couleur suit le temps qui passe, les heures, les saisons, variant au gré de l'atmosphère, brouillards, pluie, nuages, qui filtrent les rayons du spectre solaire. « Je pose mon ton, explique Gagnière, le rouge du chapeau s'éteint et jaunit, parce qu'il se détache sur le bleu du ciel, dont la couleur complémentaire, l'orangé, se combine avec le rouge. » La méthode de Claude, où Zola reconnaît la démarche naturaliste, fait découler « mathématiquement » les couleurs les unes des autres et détermine de « façon expérimentale » comment tout un paysage change de ton, « et par les reflets, et par la décomposition de la lumière, selon les nuages qui passent ».

Malgré l'incompréhension de Christine et du public devant « ces tableaux bariolés de tous les tons de l'arc-en-ciel », Claude aura la joie de voir éclater, au Salon officiel, les notes claires de quelques tableaux trouant le mur. Même chez les « maîtres vieillis [...], le coup de soleil (aura) passé », balayant « l'ancien Salon noir, cuisiné au bitume » pour faire place à « un Salon ensoleillé, d'une gaieté de printemps ». Et, « comme si la doctrine condamnée emportait son peuple d'ombres », les vieux sujets académiques eux aussi s'en seront allés.

Figures de la modernité

Claude ne quittera la scène qu'après avoir mené jusqu'à la folie l'assaut contre la routine. Après avoir réhabilité « la grande nature », jusque-là méprisée, il sait, infatigable flâneur, parcourir Paris en quête de la modernité. Comme le jeune Manet rendant hommage à la bohème, il s'applique d'abord à faire entrer la rue dans la peinture : une fillette et un voyou en loques dans la neige occuperont le premier plan de son tableau. À l'arrière-plan, des cheminées d'usine revendiqueront l'insertion des formes industrielles dans le paysage, comme dans les toiles de Sisley et de Pissarro. Dans son *Port Saint Nicolas*, Claude rassemble ainsi le « Paris qui travaille », avec ses péniches, ses grues et son peuple de débardeurs et le « Paris qui s'amuse », avec la note gaie de l'établissement de bains sur la Seine, les charpentes métalliques du pont des Arts et leur perpétuel va-et-vient de piétons. L'équilibre de la composition ne doit pas masquer l'audace des cadrages insolites : renonçant à la perspective classique, l'artiste multiplie les angles d'approche acrobatiques et, par le surplomb, le décadrage, il décentre le regard et met en cause nos habitudes visuelles. Claude s'installe ainsi à l'ombre du pont des Saints-Pères, « au-dessous des énormes cintres de fonte », comme Renoir saisissant le pont des Arts depuis le quai Malaquais.

Ailleurs, les audaces du peintre mettent en cause les contours objectifs des choses, que soulignait le graphisme implacable d'Ingres. Comme Monet dans *Les Tuileries* (1874), « Il voulut le plein soleil, ce soleil de Paris qui, certains jours, chauffe à blanc le pavé, dans la réverbération éblouissante des façades [...]. Les Tuileries, au fond, s'évanouissaient en nuée d'or, les pavés saignaient, les passants n'étaient plus que des indications, des taches sombres mangées par la clarté trop vive. » Comme les artistes japonais de l'Ukiyo-e, de ce « monde flottant », déclinant la série infiniment variée d'un même paysage, au gré des saisons, du temps et des lunes, Zola « peint » la Cité à tous les moments du jour et par tous les climats, « fourrée d'hermine », « sous une tombée de neige », « légère et tremblante [...] un jour de fin brouillard », cachée par « l'immense rideau de pluie tiré du ciel à la terre », « fauve » sous l'orage, baignant « au fond d'une clarté diffuse [...] parmi les vapeurs de la Seine » ou se découpant « sèchement [...] dans le bleu pâle du ciel » un jour de grand vent. Comme le Mont Fuji, les « Trente-six Vues » de la Cité sont encore saisies « sous le soleil levant », « sous le soleil frappant d'aplomb » à midi, sous le soleil « à son déclin ». On songe bien sûr aux *Gares* de Monet (1877) mais l'écrivain, devançant souvent les peintres, n'a-t-il pas inspiré tant d'autres séries, celle des *Meules* et de *La Cathédrale de Rouen* par exemple ?

La névrose

L'Œuvre est pourtant un roman de l'échec. Claude (le « boiteux »), est « fêlé ». Incapable de terminer une toile, incapable de continuité mentale, il se désespère de la fuite de ses idées, s'affole de cet « inconnu héréditaire qui parfois lui rendait la création si heureuse, et qui d'autres fois l'abêtissait de stérilité ». Comme le révolutionnaire, le prêtre, Claude a peur des femmes. Zola a compris avant Freud que la création artistique est voisine de la névrose, qu'elle constitue une sublimation*, une transformation idéale des pulsions sexuelles refoulées : « Ces filles qu'il chassait de son atelier, il les adorait dans ses tableaux, il les caressait et les violentait, désespéré [...] de ne pouvoir les faire assez belles, assez vivantes. » Ainsi Claude devient-il impuissant dans la création lorsqu'il noue une relation sexuelle avec Christine. Cependant la toute-puissance féminine triomphe : Christine est une femme-sphinx, une énigme impénétrable que Claude tente d'exorciser par le meurtre symbolique de la figure peinte dans *Plein Air* : « À pleine main, il avait pris un couteau à palette [...] et, d'un seul coup, lentement, profondément, il gratta la tête et la gorge de la femme. Ce fut un meurtre véritable, un écrasement : tout disparut dans une bouillie fangeuse. » Mais, coupable de cette prise de pouvoir sur le corps intouchable de la Femme, Claude est condamné à une fuite dans le sacré ; c'est en visionnaire qu'il peint l'idole nue de son tableau de la Cité : « Et ces cuisses se doraient en colonnes de tabernacle, ce ventre devenait un astre, éclatant de jaune et de rouge purs, splendide et hors de la vie. » Le peintre lui-même est stupéfait devant cette œuvre qui lui échappe : « qui donc venait de peindre cette idole d'une religion inconnue ? qui l'avait faite de métaux, de marbres et de gemmes, épanouissant la rose mystique de son sexe [...] sous la voûte sacrée du ventre ? » Zola entreprend ici une véritable analyse « symptomale » de l'œuvre d'art et voit dans le symbolisme d'un Gustave Moreau la contrepartie mystique d'une culpabilité inconsciente. En se mettant en scène dans le solide Sandoz et en lui opposant la fêlure de Claude, Zola voulait peut-être aussi exorciser la part maudite de son génie.

Le pouvoir, l'argent, le savoir

Le Rêve

COMMENTAIRE

« *Le Rêve*, disait Zola, répond à la philosophie de mon œuvre entière. » Par-delà l'étude du mysticisme, cette manifestation de la névrose originelle secrètement jumelle de la sexualité dévorante d'une Nana, le romancier réalise en effet, dans le destin d'Angélique, le rêve secret de la bourgeoisie : « avoir des ancêtres qui remonteraient aux croisades » ! Avoir, comme les sires de Hautecœur, « toute une litanie de titres » ! Mais il ne faut pas rêver... Angélique Rougon, l'enfant trouvée, élevée dans le rêve médiéval de la *Légende dorée* par un couple de chasubliers, meurt au soir de ses noces avec Félicien et les Rougon restent au seuil de l'alliance nobiliaire. Or cette aristocratie rêvée hante toute la série de sa présence fantomatique : de ce ci-devant de carnaval qu'est le marquis de Carnavant, père naturel de Félicité, au pitoyable marquis de Chouard (Choir), la noblesse égrène les symptômes de sa déchéance.

Zola le dit lui-même, son œuvre aurait été impensable avant 1789 ; mais les prétendants, pour monter à l'assaut de la fortune, sont comme orphelins : privés d'ancêtres, privés du lignage qui ancrait dans le temps des origines le règne de l'aristocratie, les conquérants doivent déployer dans l'espace social les stratégies de la bande, de la clique, qui assureront leur pouvoir.

Son Excellence Eugène Rougon

COMMENTAIRE

Badinguet et sa clique

Dans le nom du ministre où « Eugène » (le bien né) jure avec ce « Rougon » qui trahit des origines plébéiennes, résonnent déjà les prétentions nobiliaires des médiocrités bourgeoises que l'empire a élevées au titre d'excellence. À défaut d'ancêtres, Badinguet lui-même cherche à fonder une dynastie, mais le baptême du Prince se déroule sous de funestes auspices, « une redingote grise géante [...] avec sa manche gauche pliée au coude », peinte sur le mur d'une maison de l'île Saint-Louis. Cette défroque napoléonienne « vide de corps » semble promettre au neveu, qui usurpe « le propre vase de Saint-Louis » pour la cérémonie, la faillite généalogique de l'oncle. À quelques années de là, Rougon aperçoit le « crapaud », le « nez écrasé contre la glace » de son landau, comme si le sang gâté de l'empereur malade n'avait pu engendrer qu'un avorton. Dans ce contexte, les conversations de Delestang avec Napoléon III sur les résultats de sa ferme modèle prennent une cruelle ironie : « J'ai eu le bonheur d'obtenir des veaux superbes [...] grâce à un nouveau croisement de races ». Mais « la race porcine le préoccupait ; les beaux types se perdaient en France ». Voyant la dynastie compromise, l'empereur rêve de s'entourer d'une « noblesse démocratique », « jusqu'aux maires des chefs-lieux de préfecture devaient être faits barons » ! Rougon a beau crier au ridicule, lui-même, qui se contente ordinairement du « fumier d'éloges » de sa bande, éprouve sa plus grande « satisfaction de vanité » à recevoir le marquis et la marquise d'Escorailles, ce « Plassans aristocratique, froid, guindé, dont il avait gardé [...] une idée d'Olympe inaccessible ».

Le seul titre de noblesse d'Eugène est d'avoir été de la bande qui « a fait » l'empereur, d'avoir racolé des partisans pour Badinguet comme sa propre bande en racole pour lui : « chacun prit un rôle [...], les amis des amis devinrent complices [...], Paris entier fut pris dans cette intrigue [...], celui-là, s'il pouvait ouvrir les mains un jour, ferait tomber [...] une pluie de récompenses ». Or celui qu'une bande a fait contracte une dette envers ses zélateurs : Napoléon III, dit-on, « ne s'est laissé nommer empereur que pour enrichir ses amis » et le clientélisme descend tous les degrés de la hiérarchie sociale. Badinguet a fait de Rougon son ministre, le ministre distribue les concessions de chemin de fer, les préfectures, les médailles, fait obtenir un héritage contesté à Mme Correur, tenancière d'un hôtel minable qui, elle-même, brade les bureaux de tabac...

La politique ? une «femme facile»

Mais la curée est proche ; Rougon est déchiré par ses « chiens » comme le cerf forcé à Compiègne pour la fête impériale et Delestang prend sa place à l'Intérieur. Qu'importe, l'autoritaire Rougon, dans son insatiable « désir de mener les hommes à coups de fouet, comme un troupeau », se reniera, reviendra au pouvoir défendre l'empire libéral avec la même fougue qu'il l'avait condamné. La prostitution est bien l'essence de la politique, cette « femme facile que chacun espère violer » (*La Haine de la Littérature*) et dont Clorinde est ici le symbole : à la vente de charité des Tuileries, tandis que les dames patronnesses de l'empire jouent les bonimenteuses de foire (proposant « toute leur boutique » dans un « bruit d'encan », encourageant les clients de la loterie d'un : « À vingt sous le coup, messieurs, [...] tirez un coup »), Clorinde, telle « Junon fille de brasserie », sert des bocks en arborant le prix de sa nuit avec Badinguet, « un collier de chien » dont la « grosse chaîne d'or remontait s'attacher sur une plaque d'or [...] où on lisait : J'appartiens à mon maître ».

L'Argent

COMMENTAIRE

Titres nobiliaires, titres financiers

Dans ce monde où les politiques doivent battre monnaie, les titres nobiliaires sont démonétisés, avoir un nom n'est plus que « décoratif » et les sociétés anonymes, dont les titres s'évaluent à la bourse, tiennent le haut du pavé. Curieusement, pourtant, *L'Argent* exalte le pouvoir bio-économique de la bourgeoisie plus qu'il ne fustige la débauche de l'agio. Malgré ses indignations contre la flambée des appétits dans la frénésie de l'Exposition universelle, Zola est fasciné par la spéculation : « sans l'amour, pas d'enfant, sans la spéculation, pas d'affaires », écrit-il dans ses notes, associant dynamisme biologique et dynamique économique.

L'argent ou le sang de la vie

Au sang pauvre de la noblesse, qui s'étiole de génération en génération, il oppose ainsi le sang riche de la bourgeoisie dont le « cœur énorme » de la Bourse, « palpitation même de Paris », assure la féconde circulation. Comme le montre le destin de la famille de Beauvillers, la noblesse est en effet condamnée à dépenser dans ses enfants la petite monnaie de son capital d'origine : si la comtesse, avec « son cou particulièrement long » telle « un cygne très ancien d'une douceur désolée », garde quelque grandeur, sa fille est « si appauvrie qu'on l'aurait prise pour une fillette ». Son cou, « allongé jusqu'à la disgrâce », signe la « fin d'une grande race ». L'argent, au contraire, est le fils de ses œuvres : « bâti pour faire de la vie », Saccard crée une société par actions destinée à régénérer l'Orient. Il s'agit d'abord d'organiser la circulation par la mer, la route et le chemin de fer : « Vous verrez, s'enthousiasme-t-il, la vie revenir comme elle revient à un corps malade, lorsque, dans ses veines appauvries, on active la circulation d'un sang nouveau. »

Sous le fouet du succès, les cours s'envolent. La spéculation inverse en effet le temps nobiliaire, celui des ancêtres, du passé ; elle parie sur l'avenir. Et Saccard fait « flamber à l'horizon » le rêve bourgeois de supplanter la noblesse : ne s'agit-il pas d'accomplir par l'argent ce que le sabre n'a pu réaliser, de reprendre la geste épique de la chevalerie ? « Saccard, que le souvenir des Croisades hantait, [...] hennissait comme un cheval de guerre, à l'odeur de la bataille », confiant dans le « coup de baguette tout puissant dont la science et la spéculation pouvaient frapper cette vieille terre endormie, pour la réveiller ». L'argent engendre ainsi le progrès sous l'œil bienveillant de Mme Caroline dont la couronne de cheveux blancs fait un Charlemagne féérique, symbole de la Vie qui partout étend son empire, « malgré le sang et les larmes ».

La bourse à toute vapeur

C'en est bien fini de la noblesse dont se défait « la fortune domaniale », cette richesse immobilière emportée dans la circulation du capital. Le Château n'est plus, dans *La Terre*, qu'une ruine abritant Jésus-Christ et la demeure des Beauvillers est littéralement « étranglée » par les maisons bourgeoises qui l'entourent. La propriété foncière, dit Saccard, « était la stagnation même de l'argent », « l'argent liquide coule, pénètre partout » sous la pression de cette terrible machine à vapeur qu'est la Bourse. Les cours s'établissent en effet dans une sorte de « bouillonnement, une furie de gestes et de paroles dont l'air frémit [...] dans un vacillement de flamme ». Mais, si « le jeu est [...] la flamme de cette mécanique [...], quand on chauffe trop une machine, il arrive qu'elle éclate ».

De la surchauffe à la faillite

« Une machine bien réglée, dira le docteur Pascal, rend en force ce qu'elle brûle en combustible » : ainsi le capital génère du travail qui régénère le capital. Le cours des actions ne devrait donc pas dépasser leur valeur. Tel est le raisonnement de Gundermann : « une action vaut d'abord son prix d'émission, ensuite l'intérêt qu'elle peut rapporter, et qui dépend du succès des entreprises ». Si la hausse est factice, il faut vendre pour tempérer le moteur. Or Saccard provoque son emballement : sa « bande », qui possède la majorité des titres, les rend rares sur le marché pour les faire monter ; des augmentations de capital cravachent encore les cours alors que la société détient, grâce à des hommes de paille qui n'ont pas versé un sou, une grande partie de ses propres actions. Alors que le capital de l'Universelle est en partie factice, on « escompte l'avenir » en employant d'avance les bénéfices incertains du travail, la publicité entretient la fièvre et Saccard, pour empêcher la baisse, rachète les titres vendus. Hamelin le prévient : « nous nous immobilisons ».

Après le triomphe, c'est Waterloo. C'est que toute machine à vapeur réclame une différence entre une source chaude et une source froide vers laquelle se fait la circulation du liquide. Or, si « les veines de Gundermann charrient de la glace », Saccard « brûle sa vie ». Sans différence, le moteur explose, les titres dégringolent vertigineusement et la Méchain ramasse dans son grand sac les débris de la fortune de Saccard, rachetant à un sou des actions qui avaient coté plus de 3 000 F. Cette terrifiante entropie (la quantité des actions demeure inchangée mais leur qualité, leur capacité à se convertir en travail, est morte) donne peut-être raison aux spéculations de Sigismond, qui prophétise que « l'histoire balaiera la fortune mobilière comme elle a balayé la fortune immobilière ».

Le Docteur Pascal

COMMENTAIRE

L'arbre jusqu'aux racines

Le viol d'Adeline de Beauvilliers par Victor, l'enfant de hasard de Saccard, poussé sur le fumier de la cité de Naples, symbolise dans *L'Argent* la faillite nobiliaire : mais « pourquoi avoir brisé ceci contre cela ? » s'interroge Zola. Victor, est-ce la victoire de la tare sur le sang bleu des origines ?

C'est au *Docteur Pascal* qu'il revient de décliner le long refrain de l'hérédité corrompue sur l'arbre généalogique des Rougon-Macquart. À défaut de se reposer dans la certitude de ses ascendants, d'exhiber la valeur de son sang par le blason, la bourgeoisie, pour se constituer un « corps de classe », pour justifier sa fortune par sa différence biologique, doit se risquer dans les aléas de sa descendance. La vieille Félicité irait jusqu'au crime pour détruire cet arbre qui insulte la prétention d'excellence des dominants. N'a-t-elle pas édifié son triomphe, dans *La Fortune*, sur une politique de la famille, soigné « ses marmots [...] comme un capital [...] qui devait rapporter de gros intérêts » ? Et voilà qu'une science sacrilège veut la déshonorer, étaler « les histoires vraies, les tares physiologiques de la famille, tout cet envers de sa gloire, qu'elle aurait voulu enfouir ».

La femme, l'enfant et le pervers

Pascal consigne en effet les causes de l'hérédité tarée : l'hystérie de la mère, la perversion des enfants, les déviances de la sexualité. Et d'abord la mère, Adélaïde, qui s'obstine à vivre, plus que centenaire, « comme un spectre de l'épouvante et de la douleur », mémoire muette du sang éclaboussant la fortune des Rougon. C'est que le ventre maternel, auquel l'homme confie l'investissement biologique de sa semence apparaît alors comme le lieu de tous les dangers : un simple « manque d'équilibre entre le sang et les nerfs », ces éléments constitutifs du tempérament, et c'est toute la dynamique familiale compromise : « l'hérédité a ses lois, comme la pesanteur ». Or Adélaïde est « sujette à des crises nerveuses » qui la jettent « dans des convulsions terribles ». Peu ou prou, toutes les femmes des *Rougon-Macquart* son hystériques : éréthisme* sexuel, frigidité, vaginisme, mysticisme, toutes elles sont malades de leur sexe, et ce sont ces êtres débiles qui portent les enfants !

Si au moins on pouvait respirer lorsque l'enfant est né, mais non ! L'enfant a le vice chevillé au corps, il s'ingénie à gaspiller le capital qu'on lui a transmis dans la dépense effrénée de la masturbation dont on croit, depuis le célèbre Docteur Tissot, qu'elle compromet à jamais les facultés de reproduction, comme l'homosexualité dont elle est solidaire. À Maxime, petit vicieux corrompu par le pensionnat puis homosexuel, incestueux et débauché, Zola réserve le destin que Tissot promet à l'onaniste, la « consomption dorsale » paralysante, « l'ataxie* ». L'enfant né du sperme appauvri du pervers ne vivra pas, une simple hémorragie nasale suffira à le vider de son sang, comme son père a été vidé de « ses moëlles », car lui aussi a gaspillé sa force vitale tel « un petit chien vicieux, qui se frottait aux gens pour se caresser », chassé du collège « sous l'accusation de vices inavouables ».

Volonté de savoir, volonté de pouvoir

Il est vain d'accuser Zola de pornographie : si *Les Rougon-Macquart* constituent une galerie des perversions, c'est que le sexe apparaît, pour la science, comme l'enjeu même de la santé de l'individu et de l'espèce. Mais cette science qui se veut hors du jeu social est peut-être la forme la plus aiguë de la domination bourgeoise. Pascal a beau dire qu'il n'est pas de la famille, sa volonté de savoir est aussi une volonté de pouvoir : « tout savoir, pour tout guérir », intervenir même sur le cours de l'évolution ! Comme l'écrit Foucault, la bourgeoisie n'a pas le sang nobiliaire, elle aura donc le sexe, elle fera reposer sa valeur sur une prudente gestion de la génitalité dont la trilogie maléfique, la femme, l'enfant et le pervers sont l'envers cauchemardesque, résumé ici dans « l'extraordinaire ressemblance » de Charles avec Tante Dide et dans le raccourci qui fait mourir l'enfant sous les yeux de la centenaire, tarissant la sève dont elle était la source : « Pareil à un de ces petits dauphins exsangues qui n'ont pu porter l'héritage de leur race », Charles, saigné à blanc, la tête tombée « sous le casque trop lourd de sa royale chevelure » contre « les rois d'or et de pourpre » de ses images, est l'emblème de cette dégénérescence qui hante la bourgeoisie, affolée d'être liquidée en cinq générations, quand des siècles ont été accordés au blason.

Renaissance

Mais, dans ce roman expérimental, Pascal (Pâques est la fête de la Résurrection) entreprend la régénération de la famille entre une Bible et un traité d'alchimie de la Renaissance. Soustraite dès l'enfance au milieu corrompu où a poussé son frère Maxime, Clotilde le sait bien : « Maître, tu as corrigé mon hérédité ». Préservé des dangers de la matrice indocile où se font les enfants par « l'anéantissement » de Clotilde en Pascal, le fils de ce vieux roi David et de cette jeune Abisaïg, sera peut-être le nouveau Messie venu sauver la « race ». Pourquoi ce mythe de l'Ancien Testament ? Sans doute Zola trouve-t-il dans l'histoire de cette jeune vierge réchauffant de son amour les os glacés du vieillard un écho à sa propre liaison avec Jeanne, bénie par la naissance de deux enfants. Mais il trouve surtout dans le peuple juif le modèle de la réussite de la vie : « C'était toute cette poussée libre d'un peuple fort et vivace, dont l'œuvre devait conquérir le monde, ces hommes à la virilité jamais éteinte, ces femmes toujours fécondes, cette continuité entêtée et pullulante de la race », dont témoigne dans *L'Argent*, la famille Gundermann, neuf enfants, quatorze petits-enfants et un milliard né du travail, de l'épargne, de la volonté. C'est cette fécondité que Pascal se désole de ne pas trouver sur l'arbre généalogique : certes Octave Mouret a deux enfants, Jean Macquart en a trois ; mais, si l'enfant de l'avenir apporte l'espoir pour les Rougon, Victor est son double sinistre, la « bête écumante du virus héréditaire ». Régénérer le sang noir de la tare par le sang rouge de la vie, tel est le rêve de Pascal. Mais son cœur s'arrête, usé par le temps.

Pourtant, l'enfant de Pascal a déjà ce grand front, cette « haute tour » d'intelligence qui assure, dans *Fécondité*, le triomphe des Froment. Déjà s'annonce le culte de la femme qui allaite, cette Marianne qui va repeupler la République et étendre ses rameaux dans les colonies où déjà Jean cultive la Terre.

LES DERNIERS ÉCRITS

Les Trois Villes

COMMENTAIRE

Lourdes

En cette fin de siècle, le naturalisme est battu en brèche par un retour des spiritualités : si Pascal triomphe par l'amour du « frisson de l'Au-Delà » qui lui dispute Clotilde, l'abbé Pierre Froment devra, dans *Les Trois Villes*, faire « l'expérience » douloureuse de l'inanité des religions. Seule la science peut « tout savoir, pour tout guérir ».

Guérir d'abord la souffrance physique. Embarqué dans le « train blanc » du pèlerinage, le lecteur accompagne les malades, qu'on ne songe même pas à soigner, tout au long des cinq journées de cette odyssée de la douleur qu'est *Lourdes*. Mais il pénètre aussi dans les manœuvres des Pères de la Grotte, dans cette « foire aux miracles » où la foule, soûlée d'Ave Maria, ivre d'incantations, se rue à l'illusion au dénouement d'une simple névrose : un disciple de Charcot avait prévu que Marie retrouverait ses jambes dans l'émotion de la foi.

Rome

Pierre pourtant ne désarme pas. Dans *Rome*, il exhorte l'Église à mettre sa puissance au service des humbles. Mais « le sang d'Auguste » coule dans les veines de Léon XIII. Impliqué dans les spéculations immobilières qui défigurent Rome, le Pape règne sur les hommes au nom d'un Dieu qu'il relègue au fond du tabernacle. La Basilique n'est qu'une « salle d'opéra », un assommoir de « gala » où des foules fanatisées se dépouillent du « Denier de Saint-Pierre ». Pierre retire son livre, menacé de *L'Index*, et rentre à Paris. Dans ses bagages, il emporte un manuel de science, le « volcan » qui fera « sauter le dôme de Saint-Pierre ».

Paris

Cependant l'illusion ne s'arrête pas aux portes des églises : dans les rêves humanitaires de *Paris* résonne encore la nostalgie de l'âge d'or.

Mais, tandis que les « politiques » hésitent entre violence, dogmatisme et utopie, les savants travaillent. Parti pour faire sauter le Sacré-Cœur, Guillaume, le frère anarchiste de Pierre, transforme sa machine infernale en « moteur idéal » au service du Progrès : « C'est avec ça, et non avec les bombes stupides, qu'on révolutionne le monde [...], le bonheur humain ne peut naître que [du] fourneau [du] savant ».

La conversion de Pierre est achevée, il quitte la soutane, travaille au laboratoire et épouse Marie. Paris enfin « règne souverainement sur les Temps Modernes » dans l'apothéose d'un coucher de soleil, « roulant dans sa gloire la moisson future de vérité et de justice », ce blé mûr qui annonce *Les Évangiles*.

Les Évangiles

COMMENTAIRE

Fécondité

Fécondité, cantique de la génération, inaugure *Les Évangiles* en donnant à l'arbre chétif des Rougon-Macquart un double radieux, le chêne prolifique des Froment : « Ce chêne était le royal symbole de la famille... Comme lui, elle avait multiplié, élargi sans fin ses branches... ayant engendré autant d'êtres qu'il comptait de rameaux ». Au soir de sa vie, le couple évangélique rassemble ainsi 158 rejetons sur trois générations !

C'est que Zola n'a pas oublié les leçons du darwinisme : les différences individuelles sont autant de variations susceptibles d'imposer leur marque à l'espèce par la reproduction. Or « le pullulement ne pousse plus que sur le fumier de la misère » : le capitalisme met l'espèce en péril, qui veut des fils uniques pour les riches et de « la chair à misère » pour les usines. Dès lors, la généreuse imprévoyance des Froment est moins idéale qu'il n'y paraît, il s'agit de changer le cours de l'évolution en reproduisant inlassablement ce grand front, cette « haute tour » d'intelligence pour devenir « la race la plus nombreuse » à laquelle le monde appartiendra, la terre d'abord, puis l'industrie, le commerce et même les colonies.

Les Rougon-Macquart disaient la faillite des « appétits lâchés », ruinés par la « fêlure » héréditaire tarissant un à un les rameaux de l'arbre, *Fécon-*

dité chante la litanie des succès de l'intelligence et de la vie. Symbolique de ce renversement, la conquête de « l'enclave » Lepailleur qui « balafrait » Chantebled, ce domaine désormais « sans tare, roulant ses moissons sous le soleil ».

Ainsi Zola définit pour Marianne, pour sa République, une véritable biopolitique : les gouvernements n'ont plus affaire à des « sujets » mais à une *population* dont la gestion relève de la puissance publique. Le sexe est devenu une affaire d'État, « il doit être géré, inséré dans des systèmes d'utilité, administré » en vue de la « majoration ordonnée des forces collectives » (Foucault). On comprend alors le versant noir du roman. *Le Déchet*, contrepoint lugubre de *Fécondité*, décrit le « massacre des innocents », les « fraudes » à la conception, l'avortement, l'infanticide, la « castration » par ovariectomie, les négligences criminelles des nourrices. Pour combattre la dépopulation, Zola démontre « expérimentalement », contre Malthus, que l'on peut créer des subsistances à chaque fois que l'on crée de la vie, contre « l'exécrable cauchemar du catholicisme », que le désir est bénédiction si l'on contente « la fonction de l'organe » par la grossesse.

Un leitmotiv obsédant scande ainsi le roman : « Mathieu et Marianne eurent un enfant encore ». Mot à mot, le texte se répète, comme se répète inchangé le texte de la vie, à l'ombre bienfaisante de l'arbre de la connaissance, enfin délivré de la faute. Le triomphe de Mathieu est préservé en effet des crimes qui faisaient la fortune des Rougon, pas de vol, pas de fraude, seul le travail, la loi même de la vie, a fait l'œuvre évangélique.

Travail

Travail commence là où finissait *Germinal*. Après deux mois de grève, les ouvriers de l'Abîme, une fabrique d'obus, ont plié l'échine. Ils retournent pétrir « l'acier devant la bouche incendiée des fours ». Mais, dans « l'étourdissement de l'alcool retrouvé », les femmes sont les premières victimes et Luc Froment relève Josine, jetée au trottoir par Ragu : « Jamais plus il ne devait oublier cette communion », ce pain donné à la plus misérable des créatures. Il créera un phalanstère, une cité radieuse, la Crêcherie, une usine produisant le fer « pacifique et civilisateur » du progrès.

Pour échapper au collectivisme de Bonnaire, « où l'on serait numéroté [...] ainsi que dans un bagne » et au nihilisme anarchiste de Lange, Luc s'appuie sur « le coup de génie » de Fourier, « utiliser les passions de l'homme » pour réaliser « l'union du capital, du travail et du talent ». Grâce à l'ingénieur Jordan, l'électricité devient « l'ouvrière active et bienfaisante de la cité », les hauts fourneaux s'éteignent et la machine libère le travailleur après lui avoir volé son pain. Seul Morfain, le Vulcain primitif, refuse le progrès tandis que tous vénèrent Luc et son épouse Josine, l'institutrice de la Cité.

Le travail n'est plus que de quelques heures par jour, on partage les bénéfices et l'ouvrier échappe à l'abrutissement en variant les tâches. Parfaitement libres dans les maisons individuelles qu'ils ont construites « à leur guise, sans alignement », ceux de la Crêcherie bénéficient encore de tous les services publics, bains, bibliothèques, théâtres, laboratoires ouverts à tous.

Bientôt les paysans s'associent à l'œuvre, « fournissant le pain aux ouvriers qui leur fourniraient les outils » et les commerçants, « ces rouages inutiles qui mangeaient de l'énergie », deviennent de simples dépositaires des biens communs. Le capitalisme s'éteint de lui-même, et le vieux Qurignon, muet et paralytique, retrouve la parole pour délivrer le message évangélique : « Il faut tout rendre [...], la fortune acquise par le travail des autres est empoisonnée [...], elle abâtardit la race » par la jouissance. Mais, si « sa descendance périclitait », elle sera bientôt régénérée par les mariages qui se dessinent sur les bancs de l'école où l'on ignore les préjugés de classe : « le profit serait pour la bourgeoisie, lorsqu'elle se referait du sang rouge, de la santé et de la force, en s'alliant au peuple », lui-même relevé par l'œuvre de l'apôtre.

Vérité

Mais le peuple ne peut échapper à la déchéance que grâce à l'école, aussi est-il essentiel de soustraire les enfants à l'influence des congrégations religieuses. Pour mener le combat de l'école laïque, Zola utilise l'affaire Dreyfus comme canevas romanesque. L'instituteur juif Simon est accusé d'avoir violé et assassiné un de ses élèves comme Dreyfus l'a été d'avoir trahi la France : on a trouvé un « modèle d'écriture » (le bordereau) à côté du corps. L'affaire prend alors l'allure d'un immense complot. Simon est envoyé au bagne tandis que Marc Froment, comme Zola, lutte sans relâche pour la réhabilitation de l'innocent et démasque le coupable, un Père de l'école congréganiste.

Par-delà « l'affaire », Zola développe des thèmes qui lui sont chers, l'importance d'une pédagogie reposant sur les « passions » de l'enfant, sur la non-séparation des sexes, sur la nécessité de faire des épouses républicaines aux hommes de demain en soustrayant la femme à l'influence du clergé.

Les Rougon-Macquart étaient le roman de la fêlure, de la brèche, de l'émiettement, bref, de la contradiction. *Les Évangiles*, qui tous s'achèvent sur une « Cène », un repas fraternel avec le patriarche apostolique, rêvent un monde où toutes les contradictions seraient résolues, le sang rouge de la vie délivré du sang noir de la tare dans *Fécondité*, les conflits de classe dépassés dans *Travail*, l'esprit national purifié du préjugé dans *Vérité*. *Justice* allait étendre au monde l'œuvre des apôtres de la science, ruiner les fondements de la guerre, annoncer la réconciliation de l'Humanité par le retour de la civilisation pacifiée vers son berceau judéo-chrétien. La mort devait laisser ouverte cette brèche dernière, la fuite du naturalisme dans l'utopie.

É. Zola, portrait et autographe

Conclusion

Si la grandeur d'une œuvre se mesure à la diversité des lectures qu'elle autorise, celle de Zola est une œuvre d'une exceptionnelle richesse, que seuls les préjugés spiritualistes de l'institution scolaire et de la critique ont pu reléguer dans le long purgatoire dont elle est à peine sortie. C'est que le roman zolien n'est plus seulement celui des élites : à travers le feuilleton et les « livraisons » à quelques sous, il s'adresse à ce nouveau lectorat que génèrent les progrès de l'alphabétisation et lui parle, malgré bien des ambiguïtés, « sa » langue, si longtemps « frappée d'interdit littéraire ». Renversant du même coup le tabou de la bienséance bourgeoise, il réintroduit le corps dans le texte. Zola est pourtant un écrivain bourgeois là même où il scandalise. Ne fait-il pas le compte (le conte ?) de toutes les terreurs des dominants, la peur des masses qui viendront disputer aux familles « honnêtes » leur empire social, la peur du sexe qui sourdement émiette leur empire « biologique » ?

Voilà le « désordre des familles » et « l'odeur du peuple » forçant durablement les portes de l'écriture savante : les grands cycles qui voient le jour dans la première moitié du XXe siècle, *Les Thibault* de R. Martin du Gard, *Les Hommes de Bonne Volonté* de J. Romains, *La Chronique des Pasquier* de G. Duhamel, doivent en partie leur structure au familialisme ou au sociologisme zoliens. Par ailleurs, depuis *Le Feu* de Barbusse, toute une littérature sociale, qu'elle soit « prolétarienne » avec Poulaille, ou « populiste » avec Thérive, Dabit et Guilloux, reprend à son compte le « cri de justice » de *Germinal*, le « coup de gosier » de l'argot voire l'ethnographie des mœurs populaires qui ont fait le succès des *Rougon-Macquart*. Cependant seul *Le Voyage au bout de la Nuit* est à la hauteur du modèle zolien. Achevant l'élaboration littéraire de l'oralité qu'avait entamée Zola, Céline fait de Bardamu un Docteur Pascal désenchanté, voyeur pathétique et « fêlé » d'un carnaval de la cruauté qui démystifie l'optimisme naturaliste : « l'âge scientifique », loin de faire du médecin « le maître des maladies » agissant « sur les corps pour le bonheur et la vigueur de l'espèce », en a fait le complice de l'horreur. Malgré l'écart idéologique qui le sépare de Céline, Zola aurait peut-être préféré cette problématique mais originale postérité aux bons sentiments du populisme et aux enrôlements prolétariens où il avait fini par tomber lui-même...

Monsieur É. Zola, caricature, par Gill André

Groupements thématiques

Toutes les références de pages renvoient aux éditions du Livre de Poche.

LA FÊLURE :
UNE BRÈCHE OUVERTE SUR LA FOLIE

Textes

La Fortune des Rougon : Ch. II, pp. 59 à 65 ; Ch. V, pp. 260 à 265 ; Ch. VII, pp. 410 à 417. *La Conquête de Plassans* : Ch. XVI, p. 282 ; Ch. XVII, p. 295, p. 301 ; Ch. XVIII, pp. 308 à 328 ; Ch. XXI, pp. 397 à 404 ; Ch. XXII, pp. 411 à 415, pp. 418 à 423. *L'Assommoir* : Ch. XIII. *Germinal* : 7e partie, Ch. V, p. 481. *L'Œuvre* : Ch. IX, pp. 335 à 338 ; Ch. XII, pp. 473-474. *La Bête humaine* : Ch. II, pp. 61 à 65 ; Ch. VIII, pp. 276 à 281 ; Ch. XI, pp. 389 à 393. *Le Docteur Pascal* : Ch. IX, pp. 306 à 314.

Citations

« Adélaïde était restée la grande fille étrange qui passait à quinze ans pour une sauvage [...]. Il y avait en elle un manque d'équilibre entre le sang et les nerfs, une sorte de détraquement du cerveau et du cœur, qui la faisait vivre en dehors de la vie ordinaire, autrement que tout le monde [...]. Dès ses premières couches, elle fut sujette à des crises nerveuses qui la jetaient dans des convulsions terribles ». (*La Fortune des Rougon*, Ch. II)

« L'église était déserte lorsque (Marthe) revint à elle. Elle rêvait qu'on la battait de verges, que le sang coulait de ses membres ; elle éprouvait à la tête de si intolérables douleurs qu'elle y portait les mains, comme pour arracher les épines dont elle sentait les pointes dans son crâne [...]. L'ébranlement nerveux persistait, [...] elle examinait machinalement ses mains, cherchant les trous par lesquels son sang avait coulé. Toute la Passion saignait en elle ». (*La Conquête de Plassans*, Ch. XVII)

« Gervaise repoussa le monde, [...] elle fit Coupeau, braillant, sautant, se démanchant avec des grimaces abominables ». (*L'Assommoir*, Ch. XIII)

« Étienne, à ce moment, devint fou [...], le besoin de tuer le prenait, irrésistible, un besoin physique, l'excitation sanguine d'une muqueuse qui détermine un violent accès de toux. Cela monta, éclata en dehors de sa volonté, sous la poussée de la lésion héréditaire ». (*Germinal*, 7e partie, Ch. V)

« Un jour, le mot de génie incomplet [...] l'avait flatté et épouvanté. Oui, ce devait être cela, le saut trop court ou trop long, le déséquilibrement des nerfs dont il souffrait, le détraquement héréditaire qui, pour quelques grammes de substance en plus ou en moins, au lieu de faire un grand homme, allait faire un fou ». (*L'Œuvre*, Ch. IX)

« Lui, à certaines heures, la sentait bien cette fêlure héréditaire [...], c'étaient, dans son être, de subites pertes d'équilibre, comme des cassures, des trous par lesquels son moi lui échappait, au milieu d'une sorte de fumée qui déformait tout ». (*La Bête humaine*, Ch. II)

LA MACHINE ET LE VIVANT

Textes

L'Assommoir : Ch. II, p. 50 ; Ch. XIII, p. 489. *Au Bonheur des Dames* : Ch. I, p. 35. *Germinal* : 7e partie, Ch. III, p. 454. *La Bête humaine* : Ch. X, p. 351.

Citations

« (Les Halles) apparurent comme une machine moderne, hors de toute mesure, quelque machine à vapeur, quelque chaudière destinée à la digestion d'un peuple, gigantesque ventre de métal, boulonné, rivé, fait de bois, de verre et de fonte, d'une élégance et d'une puissance de moteur mécanique, fonctionnant là, avec la chaleur du chauffage, l'étourdissement, le branle furieux des roues [...]. Paris mâchait les bouchées à ses deux millions d'habitants. C'était comme un grand organe central battant furieusement, jetant le sang de la vie dans toutes les veines ». (*Le Ventre de Paris*, Ch. I)

« La machine ronflait toujours [...], lâchant sa vapeur dans un dernier grondement, pendant que les vendeurs repliaient les étoffes et que les caissiers comptaient la recette [...]. Derrière le rideau de pluie qui tombait, cette apparition, reculée, brouillée, prenait l'apparence d'une chambre de chauffe géante où l'on voyait passer les ombres noires des chauffeurs, sur le feu rouge des chaudières ». (*Au Bonheur des Dames*, Ch. I)

« Et l'on vit alors une effrayante chose, on vit la machine, disloquée [...], les membres écartelés, lutter contre la mort : elle marcha, elle détendit sa bielle, son genou de géante comme pour se lever ; mais elle expirait, broyée, engloutie. » (*Germinal*, 7e partie, Ch. III)

« La pauvre Lison [...] avait la fin tragique d'une bête de luxe qu'un accident foudroie en pleine rue. Un instant, on avait pu voir, par ses entrailles crevées, fonctionner ses organes, les pistons battre comme deux cœurs jumeaux, la vapeur circuler dans les tiroirs comme le sang de ses veines ; mais, pareilles à des bras convulsifs, les bielles n'avaient plus que des tressaillements, les révoltes dernières de la vie ; et son âme s'en allait avec la force qui la faisait vivante, cette haleine immense dont elle ne parvenait pas à se vider toute ». (*La Bête humaine*, Ch. X)

LES ACTANTS MATÉRIELS
OU LA VOIX DES CHOSES

Textes

La Fortune des Rougon : Ch. I, pp. 9 à 14 ; Ch. V, pp. 251 à 252, pp. 285 à 288. *La Curée* : Ch. I, p. 18, pp. 59 à 66 ; Ch. IV, pp. 200 à 217, pp. 245 à 250, pp. 256 à 264. *Le Ventre de Paris* : Ch. I, pp. 56-57 ; Ch. II, pp. 140-141, pp. 162-163 ; Ch. III, pp. 219 à 222 ; Ch. IV, pp. 327 à 331 ; Ch. V, pp. 385 à 396. *La Faute de l'abbé Mouret* : le Livre deuxième en entier et le Livre troisième, Ch. XVII. *Une page d'amour* : Ch. V de chaque partie.

Citations

« Cette odeur âcre et pénétrante qu'exhalaient les tiges brisées, c'était la senteur fécondante, le suc puissant de la vie qu'élaborent lentement les cercueils et qui grisent de désirs les amants égarés dans la solitude des sentiers. Les morts, les vieux morts, voulaient les noces de Miette et de Silvère » (*La Fortune des Rougon*, Ch. V ; l'aire Saint-Mittre)

« Un amour immense, un besoin de volupté, flottait dans cette nef close, où bouillait la sève ardente des tropiques. La jeune femme était prise dans ces noces puissantes de la terre, qui [...] lui jetaient des effluves troublants, chargés d'ivresse ». (*La Curée*, Ch. I ; la serre)

« Cependant, au milieu de cette phrase vigoureuse, le parmesan jetait par moments un filet mince de flûte champêtre ; tandis que les bries y mettaient des douceurs fades de tambourins humides. Il y eut une reprise suffocante du livarot. Et cette symphonie se tint un moment sur une note aiguë du géromé anisé, prolongé en point d'orgue ». (*Le Ventre de Paris*, Ch. V)

« Les Halles géantes, les nourritures débordantes et fortes, avaient hâté la crise. Elles lui semblaient la bête satisfaite et digérant, Paris entripaillé, cuvant sa graisse, appuyant sourdement l'empire ». (*Le Ventre de Paris*, Ch. III)

« La fatalité de la génération les entourait. Ils cédèrent aux exigences du jardin. Ce fut l'arbre qui confia à l'oreille d'Albine ce que les mères murmurent aux épousées, le soir des noces ». (*La Faute de l'abbé Mouret*, Livre II, Ch. XV)

LE PERSONNAGE-FOULE

Textes

La Fortune des Rougon : Ch. I, pp. 38 à 40. *L'Assommoir* : Ch. I, p. 11 ; Ch. XII, pp. 459 à 461. *Germinal* : 5e partie, Ch. III, pp. 307 à 311 ; Ch. IV, pp. 317 à 324 ; Ch. V, pp. 331 à 336. *Au Bonheur des Dames* : Ch. IX, p. 283, pp. 293-294, pp. 311 à 313 ; Ch. XIV, p. 460, p. 498.

Citations

« La route devenue torrent, roulait des flots vivants qui semblaient ne pas devoir s'épuiser [...]. La Marseillaise emplit le ciel [...]. La campagne, dans l'ébranlement de l'air et du sol, criait vengeance et liberté. Tant que la petite armée descendit la côte, le rugissement populaire roula ainsi par ondes sonores traversées de brusques éclats, secouant jusqu'aux pierres du chemin ». (*La Fortune des Rougon*, Ch. I)

« Il y avait là un piétinement de troupeau, une foule que de brusques arrêts étalaient en mares sur la chaussée, un défilé sans fin d'ouvriers allant

au travail, leurs outils sur le dos, leur pain sous le bras ; et la cohue s'engouffrait dans Paris, où elle se noyait, continuellement ».
(*L'Assommoir*, Ch. I)

« Et les hommes déboulèrent ensuite, deux mille furieux, des galibots, des haveurs, des raccommodeurs, une masse compacte qui roulait d'un seul bloc, serrée, confondue, au point qu'on ne distinguait ni les culottes déteintes, ni les tricots de laine en loques, effacés dans la même uniformité terreuse. » (*Germinal*, 5e partie, Ch. V)

« Ces dames, saisies par le courant, ne pouvaient plus reculer. Comme les fleuves tirent à eux les eaux errantes d'une vallée, il semblait que le flot des clientes, coulant à plein vestibule, buvait les passants de la rue, aspirait la population des quatre coins de Paris ».
(*Au Bonheur des Dames*, Ch. IX)

Jugements critiques

ZOLA FACE À LA CRITIQUE DE SON TEMPS

Les détracteurs

« Il s'est établi depuis quelques années une école monstrueuse de romanciers, qui prétend substituer l'éloquence du charnier à l'éloquence de la chair, qui fait appel aux monstruosités les plus chirurgicales, qui groupe les pestiférés pour nous en faire admirer les marbrures, qui s'inspire directement du choléra, son maître, et qui fait jaillir le pus de la conscience. » (Louis Ulbach, à propos de *Thérèse Raquin*, *Le Figaro*, 23 janvier 1868)

« Je veux être grave, comme M. Zola en sa charcuterie. Telle est la signification de son livre : faire de l'art, en faisant du boudin [...]. C'est une idée qui depuis longtemps se précise en littérature et en art. Nous devenons des charcutiers ! Cela s'appelle le réalisme, cette idée, et cela sort de deux choses monstrueuses qui s'accroupissent, pour l'étouffer, sur la vieille société française : le matérialisme et la démocratie. » (Barbey d'Aurevilly, à propos du *Ventre de Paris*, *Le Constitutionnel*, 14 juillet 1873)

« Cette fois, êtes-vous content, ô bourgeois et bourgeoises qui avez fait le succès de M. Zola, lorsqu'il dépeignait le peuple ou le monde des filles ? Croyez-vous encore à sa soi-disant exactitude ? Est-ce vrai que vous êtes un ramassis d'imbéciles, parfois monstrueux, toujours ignobles, et grotesques même dans l'ignoble ? Est-ce bien votre maison, cette maison de *Pot-Bouille* qui ressemble à un quartier de Bicêtre, pleine de femmes hystériques ou détraquées, avec son idiot, ses gâteux, ses crétins, ses ramollis ? » (Colombine, *Gil Blas*, 6 février 1882)

« On se croirait devant un recueil de scatologie : le Maître est descendu au fond de l'immondice [...]. Nous répudions énergiquement cette imposture de la littérature véridique, cet effort vers la gauloiserie mixte d'un cerveau en mal de succès. Nous répudions ces bonshommes de rhétorique zoliste, ces silhouettes énormes, surhumaines et biscornues, dénuées de complication, jetées brutalement en masses lourdes, dans des milieux aperçus au hasard des portières d'express. » (Le Manifeste des Cinq contre *La Terre*, *Le Figaro*, 18 août 1887)

Les admirateurs

« Voilà une bien grande œuvre ; et digne d'une époque où la vérité devient la forme populaire de la beauté ! Ceux qui vous accusent de n'avoir pas écrit pour le peuple se trompent dans un sens, autant que ceux qui regrettent un idéal ancien ; vous en avez trouvé un qui est moderne, c'est tout. » (Mallarmé, à propos de *L'Assommoir*, correspondance)

« Vous avez remué là-dedans une telle masse d'humanité attendrissante et bestiale, fouillé tant de misère et de bêtise pitoyable, fait grouiller une telle foule terrible et désolante au milieu d'un décor admirable que jamais livre assurément n'a contenu tant de vie et de mouvement, une telle somme de peuple. » (Maupassant, à propos de *Germinal*, correspondance)

« J'achève *Pot-Bouille*. Quel merveilleux homme d'instinct vous faites ! C'est étonnant ce que vous avez deviné et indiqué de choses justes. Vos personnages ont certains mots de circonstance et de passion où l'âme de la bourgeoisie tout entière se révèle en ses plus obscures profondeurs. » (Céard, correspondance)

« Les caractères sont merveilleux de vérité. Les mots *nature* foisonnent ; à la fin, la mort de Nana est Michelangelesque ! Un livre énorme, mon bon ! » (Flaubert, correspondance)

« L'histoire des *Rougon-Macquart* est [...], ainsi qu'un poème épique, l'histoire ramassée de toute une époque [...]. Enfin et surtout l'allure des romans de M. Zola est, je ne sais comment, celle des antiques épopées, par la lenteur puissante, le large courant, l'accumulation tranquille des détails, la belle franchise des procédés du conteur. Il ne se presse pas plus qu'Homère [...]. Il s'intéresse autant [...] à la cuisine de Gervaise que le vieil aède à celle d'Achille. Il ne craint point les répétitions [...] et d'intervalle en intervalle on entend, dans *Le Bonheur des Dames* le « ronflement » du magasin, dans *Germinal* la « respiration grosse et longue » de la machine, comme dans *L'Iliade* le grondement de la mer. » (Jules Lemaître, *Revue politique et littéraire*, 14 mars 1885)

ZOLA
FACE À LA CRITIQUE CONTEMPORAINE

Zola ethnographe
« Si Zola apporte quelque chose à notre connaissance du réel, c'est peut-être moins sur le plan des réalités économiques et sociales, sempiternellement ressassées par les commentateurs, que sur celui d'une observation *ethnographique* des formes de la vie quotidienne et des mentalités. » (H. Mitterand, *Le Regard et le Signe*, PUF)

Le bestiaire et l'intrigue
« Dans *Les Rougon-Macquart*, le bestiaire finit par contester l'histoire romanesque [...]. Le principe de récurrence et surtout d'identité auquel les images animales obéissent d'un livre à l'autre, contribue à l'établissement d'un répertoire de gestes et de comportements qui constituent un sommaire de toutes les destinées et de toutes les intentions humaines. Au regard du bestiaire, l'intrigue est dérisoire [...]. Tout se résume et s'explique par l'action conjuguée de la ruse, du rut, de l'appétit et de la violence. L'étude de milieu, seule, donne l'illusion de la diversité. » (P. Bonnefis, « Le Bestiaire d'Émile Zola », *Europe*, avril-mai 1968)

Les images du corps
« Zola partage avec le bourgeois qu'il scandalise (une) conception catastrophique, infernale, du corps et des instincts. Simplement, là où le bourgeois s'accommode, fait la part du feu, lui ne cesse de vivre cette « mort dans la vie ». Mais cela ne va pas toujours sans ambiguïté : précisément parce que Zola vit *obscurément* cette attitude, il ne saurait l'analyser, la dénoncer de l'extérieur. Aussi lui faut-il avoir recours à des intermédiaires infernaux pour opérer le dévoilement du corps et en assumer l'affreux discours : prostituées et bonnes « à tout faire » rempliront cette fonction. » (Jean Borie, *Zola et les mythes*, éd. du Seuil)

La reddition de comptes
« Le thème structural de la restitution se manifeste d'un bout à l'autre du premier des *Rougon-Macquart* et, d'emblée, indique une des plus importantes lignes de force de toute la série [...]. Il faut restituer ce qu'on possède indûment. Or *Les Rougon-Macquart*, cette « histoire naturelle et sociale d'une famille sous le Second Empire », font le récit d'une usurpa-

tion, usurpation du pouvoir par une « bande » de réactionnaires acharnés à confisquer la République, usurpation de la richesse par une meute de « loups » groupés pour la « curée », de voleurs de ville occupés à détrousser Paris. » (A. Dezalay, *L'Opéra des Rougon-Macquart*, éd. Klincksieck)

La thermodynamique des Rougon-Macquart

« Le récit est, dans son ensemble, une immense circulation à catastrophes, théorisée dans *Le Docteur Pascal* [...]. Ce flux charrie du sang, ou des liquides en général, de l'eau, de la sève, du vin, de l'alcool ou du vitriol, des fluides, mais aussi de l'or, de l'argent ou des marchandises, des objets en nombre, des virus, premières cellules vivantes, une foule d'hommes, une classe sociale, et ainsi de suite. La catastrophe y est alors une coupure de circuit, un arrêt total de la circulation, perte ou fuite du flux [...] » (M. Serres, *Feux et Signaux de brume*, éd. Grasset)

Zola et les peintres

« Je serais tenté [...] d'accorder à la peinture, et à la fréquentation des peintres, le rôle principal [...] dans le choix de ses motifs : la guinguette, la blanchisseuse (Degas), l'actrice, la scène d'un théâtre, l'agitation du boulevard, les natures mortes des Halles, les quais d'une gare, la Seine (Guillemet, Degas, Manet, Monet), les courses (Degas), la vague (Manet, Courbet), l'escarpolette (Renoir, Cézanne, Manet) et de ses techniques de composition. » (H. Mitterand, « Le regard d'Émile Zola », *Europe*, avril-mai 1968)

Zola et la loi du retour

« L'univers romanesque de Zola demeure sous le signe du paradoxe : c'est un monde en expansion continue, avec ses conquérants, ses ambitieux, ses fauves carnassiers, mais la Loi du Retour le fait pour ainsi dire retomber sur lui-même en se contractant jusqu'à acquérir une fantastique densité, et une plénitude compacte et opaque. » (A. Dezalay, *L'Opéra des Rougon-Macquart*, éd. Klincksieck)

Recherches et exercices

COMMENTAIRE COMPOSÉ

On vit alors une chose superbe... Nana ! Nana ! Nana ! Le cri montait dans la gloire du soleil, dont la pluie d'or battait le vertige de la foule.

Nana (Livre de poche, pp. 348-349, Ch. XI)

Introduction

Témoin indigné des fastes du Second Empire, le jeune Zola ironisait dans ses chroniques de journaliste sur la sollicitude du baron Haussmann pour les riches. Dans *Nana*, il met en scène l'un de ces lieux à la mode où les loisirs des parvenus coïncidaient avec la célébration du pouvoir et des valeurs idéologiques d'un capitalisme en pleine expansion. Réalisé en 1857, dans le cadre des aménagements du bois de Boulogne, Longchamp rassemblait, en particulier pour le Grand Prix de Paris auquel nous assistons ici, la fine fleur de la société impériale, mais aussi les cocottes si prisées des nouvelles élites. À travers la victoire de la pouliche qui porte son nom, c'est Nana qui triomphe dans cette France que l'empire a transformée en « maison à gros numéro », en Babylone où règnent la chair et l'argent.

Première partie :
Donner à voir le mouvement

Sans doute est-ce une gageure que de rendre l'atmosphère d'une course de chevaux dans un roman. Zola réussit pourtant ce tour de force en brossant successivement le tableau de l'arrivée sur la piste et dans les tribunes comme Manet ou Degas le font, à la même époque, dans la peinture. Mais si le peintre doit animer la surface immobile de la toile, le romancier doit donner aux mots à la fois l'immédiateté de la chose vue (« on vit alors une chose superbe ») et la dynamique de la course.

Transfiguré par l'enjeu, le jockey, « ce vieil enfant desséché, cette longue figure, dure et morte, jetant des flammes, [...] donnait de son cœur à la pouliche » et c'est l'effort conjoint de l'homme et de la bête que nous suivons dans le rythme haletant de la phrase qui juxtapose de brèves notations d'attitudes ou de mouvement : « *Price*, debout sur les étriers, la cravache haute, *fouaillait* Nana [...], il la soutenait, il la portait, trempée d'écume, les yeux sanglants ». La tension de la volonté se lit dans la séparation inattendue du sujet et du verbe de la première proposition comme l'union, voire la confusion du jockey et de la pouliche dans l'apposition (« trempée d'écume, les yeux sanglants ») qui, malgré l'orthographe et la grammaire, semble concerner Price, le sujet, autant que Nana, le complément d'objet. Avec un art qui lui est propre, Zola suggère la vitesse : les virgules insistent sur les scansions régulières qui sont celles du galop lui-même en coupant les phrases en parties également nerveuses, rapides, fébriles, et les instantanés d'impressions se chevauchent, se donnent dans le désordre du temps vécu : suivi un moment dans la précision de sa technique, le favori est bientôt emporté dans l'indistinction de la course dont on *entend*, grâce à l'allitération en R et aux assonances en OU, le « train passer avec un roulement de foudre », sans rien percevoir d'autre qu'un élan confus « coupant les respirations, balayant l'air ». L'arrivée est si fulgurante que « l'immense acclamation » de la foule « retentit » *avant* qu'on ne comprenne : « Price *venait* de jeter Nana au poteau, battant Spirit d'une longueur de tête ».

Deuxième partie :
Une course au plaisir et au profit

On peut certes relever le symbolisme sexuel de cette scène où le jockey, « la cravache haute », « fouaillant » Nana, chevauche la femme-jument, mais l'articulation des trois noms, surtout, fait sens : Nana, la prostituée, Price, le « prix », Spirit, « l'esprit ». « Nous mettons toutes sortes d'intentions littéraires dans les noms », écrivait Zola. Faut-il donc voir dans cette victoire celle du naturalisme (Nana) balayant « le pantin métaphysique » (Spirit) ? Sans doute. Pourtant, au delà du manifeste, on peut lire la dénonciation du règne de la chair et de l'argent : Nana, la bête humaine vendue à prix d'or, bafoue toutes les valeurs morales, culturelles et intellectuelles, à l'image d'un régime détesté dont elle condense tous les vices, et d'abord le goût des courses.

Venues d'Angleterre, ces compétitions sont un phénomène nouveau sous le Second Empire et Zola fait de ces machines vivantes défiant le temps le symbole même de la course au profit. Il voit dans ces chevaux transportant des millions au rythme de leurs sabots le symbole ludique de la spéculation boursière, des « valeurs » de nerfs et de sang, sur lesquelles on parie à la hausse ou à la baisse, au milieu de la fièvre du jeu : « la pluie *d'or* battant le *vertige* de la foule » qui hurle « Nana » dans la « gloire du soleil », unit significativement l'apothéose de la chair à celle de l'argent.

Le matérialisme cynique du capitalisme, le règne de la marchandise l'emportent dans « l'élan de furieuse audace, de volonté triomphante » de Price tandis que, décervelés par la « course aux jouissances », par la force des « appétits lâchés », spectateurs et parieurs tombent de la culture dans la nature. C'est bien en effet le champ lexical des forces naturelles, « la marée » et sa « violence de tempête », l'incendie d'un « brasier », qui anime la description de ses métaphores*. La foule, réduite à l'expression la plus immédiate de l'animalité, en deçà du langage, n'est plus qu'un cri L'impersonnel, l'indéfini des abstractions nominales prennent en charge, stylistiquement, cette dépersonnalisation de l'individu qui disparaît dans la masse, perdant sa fonction de *sujet* : « la clameur », « le cri » « grossissaient » « emplissant l'horizon » ; « l'enceinte du pesage répondait, une agitation remuait les tribunes » ; « cela s'enflait »...

Troisième partie :
Impressionnisme et expressionnisme

Sans aucun doute, Zola cherche ici l'équivalent des techniques impressionnistes qui défont les contours, diluent les formes dans un flou vaporeux où vibre le mouvement. La médiation de la peinture, celle, en particulier, de Degas, apparaît clairement dans ce « tremblement de l'air » qui semble mettre « la flamme invisible d'un brasier au-dessus de ce tas vivant ». Mais, par-delà la rapidité de la touche impressionniste qui indique sommairement, dans l'indistinction des « petites figures détraquées », la gestuelle de quelques silhouettes aux « bras tordus », par-delà le pointillisme qui réduit les visages aux « points noirs des yeux et de la bouche ouverte », c'est l'expression de l'idée fixe, le détraquement des individus mécanisés par le nombre, par leur immersion dans la « marée » de la foule, qui se donne à voir : « Les femmes brandissaient leurs ombrelles ; des hommes sautaient, tournaient en vociférant ; d'autres, avec des rires nerveux, lançaient des chapeaux ». Bref, une véritable hystérie collective, qui tient de la transe sacrée et du délire profane, « un enthousiasme fou », s'empare de Longchamp.

Là se dit la vérité d'un monde et se défont les hiérarchies artificielles, le cloisonnement des classes inscrit dans cet espace quadrillé où la tribune impériale, entourée des tribunes du Jockey Club et du public fortuné, domine la pelouse et ignore « les allées lointaines » avec leur « peuple campant sous les arbres ». Le vaste panorama, dont les précisions topographiques, « des profondeurs du Bois au mont Valérien, des prairies de Longchamp à la plaine de Boulogne », élargissent « peu à peu l'horizon », n'est plus que l'espace d'expansion du cri, dont l'onde sonore semble se matérialiser sous nos yeux, comme dans la célèbre toile de Munch qui porte ce nom. Pourtant ce n'est pas l'angoisse qui résonne dans cet expressionnisme précurseur mais bien le culte de la chair et de l'or où « César » retrempe le soutien populaire : dans le grand silence de l'esprit bâillonné, le peuple en délire scande ces deux syllabes où bégaie le langage de la petite enfance, « Nana ! Nana ! Nana ! »

Cependant la revanche est proche, la régression infantile et le nationalisme imbécile ne pourront longtemps détourner les oppositions à travers ces nouveaux jeux du cirque que sont les courses de Longchamp. Bientôt, on criera « À Berlin ! », comme on a crié « Vive Nana ! vive la France ! à bas l'Angleterre ! » et le régime s'écroulera dans les flammes du « brasier » de la Commune qui plane déjà ici comme une menace « invisible », « au-dessus de ce tas vivant de petites figures détraquées » par la fête impériale.

Conclusion

Ainsi, dans ce texte emblématique de la gloire de Nana, la grande cocotte du Second Empire, se lit en filigrane la dénonciation de l'idéologie détestable qui a triomphé avec Badinguet, le culte de la chair et de l'or censurant les œuvres de l'esprit. Cependant, paradoxalement, le romancier partage l'enthousiasme des impressionnistes pour les « sujets modernes », pour les nouveaux horizons ouverts à la vie parisienne par les grands travaux du baron Haussmann, bref pour une esthétique « naturaliste » montrant le monde tel qu'il est. Dans ce double élan de fascination et de répulsion, Zola, peintre génial des foules, nous donne à voir les loisirs de la société de masse qui déjà se profile dans les courses de Longchamp.

COMPOSITION FRANÇAISE

« Pour moi la question du talent tranche tout en littérature. Je ne sais pas ce qu'on entend par un écrivain moral et un écrivain immoral ; mais je sais très bien ce qu'est un auteur qui a du talent et un auteur qui n'en a pas. Et dès qu'un auteur a du talent, j'estime que tout lui est permis. »

Approuvez-vous cette déclaration d'Émile Zola à propos de la moralité en littérature ?

Introduction

Le XIXe siècle est celui de « l'ordre moral », non pas au sens étroit que l'histoire politique donne à cette expression mais au sens large de l'idéologie dominante à l'époque du triomphe bourgeois. Jamais peut-être la pudibonderie vétilleuse, l'indignation vertueuse, n'ont poursuivi avec autant de rigueur les manquements littéraires aux bienséances. En 1857, Baudelaire a vu amputer *Les Fleurs du Mal* de six pièces condamnées, Flaubert a vu *Madame Bovary* traînée au tribunal comme, quatre ans plus tôt, les Goncourt s'étaient retrouvés en police correctionnelle, « assis entre des gendarmes », pour avoir cité cinq vers licencieux de Tahureau, un poète du XVIe siècle ! Émile Zola, qui a lui-même subi les foudres des bien pensants, défend la liberté de l'écrivain dans une violente chronique : « Pour moi, écrit-il dans *De la Moralité dans la Littérature*, la question du talent tranche tout ». Jouant du paradoxe, il affirme ne pas savoir « ce qu'on entend par un écrivain moral et un écrivain immoral » mais « très bien » savoir « ce qu'est un auteur qui a du talent et un auteur qui n'en a pas ». « Dès qu'un auteur a du talent, conclut-il, j'estime que tout lui est permis ».

Première partie : Zola, l'immoral...

Il faut faire preuve d'une singulière mauvaise foi pour prétendre ignorer ce qu'est un écrivain moral ! Chacun sait pourtant distinguer la pureté, l'idéal, l'élévation des sentiments de la répugnante obscénité où se complaît le pornographe ! Non qu'il soit interdit au romancier ou au poète d'aborder tous les sujets : Victor Hugo ne s'interdit pas de mettre en scène une prostituée dans *Les Misérables* mais sa Fantine, pas plus que la Fleur-de-Marie d'Eugène Sue, ne nous entraîne dans les pourritures de l'abjection. Elle meurt le cœur pur après le saint martyre qu'elle a enduré pour nourrir sa petite Cosette et Fleur-de-Marie semble n'avoir pas même été déflorée par ses multiples clients.

Lorsque Zola au contraire descend dans le cloaque avec Nana, nous sommes éclaboussés par l'ordure du ruisseau : homosexualité, sadisme, voyeurisme, c'est la grande revue de l'obscène, c'est le sexe triomphant dans toute sa gloire impudique, sans honte et sans remords. Zola d'ailleurs est un récidiviste : dans *La Curée*, il osait déjà une scène d'une révoltante perversité, Renée « faisant l'homme » au-dessus du féminin Maxime pâmé entre ses bras. Quant à ses paysans, constamment « déboutonnés », « le ventre en avant », prêts au viol, ils font dans *La Terre* l'étalage d'une dégoûtante physiologie.

Si le procureur impérial Pinard avait eu à instruire son procès, il aurait sans aucun doute poursuivi cette « littérature putride » comme il a poursuivi « Les Femmes damnées » de Baudelaire ou « la poésie de l'adultère » de Flaubert. N'est-ce pas la même « peinture lascive » conduisant « à l'excitation des sens par un *réalisme* grossier », le même art « exécrable », sans « gaze » ni « voile », présentant « la nature dans toute sa nudité, dans toute sa crudité » ? Zola est un auteur immoral comme tous ceux qui oublient la « mission » de la littérature : « orner et récréer l'esprit en élevant l'intelligence et en épurant les mœurs ». Entre l'idéalisme hugolien et le « réalisme qui serait la négation du beau et du bon », le tribunal n'aurait eu aucune peine à trancher.

Deuxième partie : La condamnation d'une esthétique

Et pourtant ! Prenons *Ruy Blas*, a-t-on jamais songé à mesurer la valeur de la pièce à l'aune des faits ? Certes les vers y expriment « les plus beaux sentiments du monde » : « la Reine fait des phrases sur les sublimités de l'amour, Ruy Blas fait des phrases » sur l'honnêteté politique, bref, Victor Hugo nous mène sur les sommets de l'idéal. Or rien n'est moins moral que ce laquais acceptant de se faire passer pour un grand d'Espagne auprès d'une reine dont il devient l'amant et le ministre. Dans la réalité, « il serait passible de la cour d'assises ». Et Zola a beau jeu de montrer que c'est la « rhétorique de l'idéal » qui risque de faire tomber la lectrice fantasque dans les pièges de l'adultère (pensons au « cas » Marie Pichon dans *Pot-Bouille*) et non le froid scalpel de Flaubert. La scène des comices démystifie en effet l'enflure romanesque par le contrepoint : tandis que Rodolphe tente de séduire Emma par le cliché idéaliste de l'amour fatal (« comme deux fleuves qui coulent pour se rejoindre, nos pentes particulières nous avaient poussés l'un vers l'autre »), on entend les échos du concours agricole (« fumiers », « race porcine », « soixante et dix francs ») ponctuer de leur sordide vérité les mensonges romantiques du séducteur. Sous couvert de « morale publique », c'est donc une esthétique que l'on condamne. Dès lors, si l'idéalisme n'est pas plus vertueux que le naturalisme, seul le « talent » est effectivement en question.

Troisième partie : « Le grand art naturaliste »

Or, si l'on peut savoir gré aux romantiques d'avoir donné un sang neuf à la littérature par le renouveau du dictionnaire (l'argot et le poème en prose coexistent dans *Les Misérables*), par le grossissement épique (pensons à la barricade de Gavroche), par les antithèses audacieuses et les images visionnaires (la lune sanglante, « cette tête coupée » roulant dans la nuit des *Châtiments*, est d'une étonnante modernité), on ne peut réduire le talent au « saut dans les étoiles ».

Montrer la réalité la plus prosaïque, faire, comme l'auteur de *Madame Bovary*, un « roman couleur de cloporte », est autrement difficile. Le coup de génie de Flaubert est d'avoir choisi la focalisation externe la plus rigoureuse pour promener l'adultère d'Emma et de Léon, pendant six heures d'affilée, dans un fiacre. Rien n'est montré, mais, comme l'écrit Sartre, « les amants sont plus nus que dans un lit » : « la lourde machine se mit en marche, [...] elle descendit, traversa, [...] s'arrêta, [...] repartit, [...] elle s'élança d'un bond ». La voiture est ainsi le sujet de tous les verbes. Les auteurs du XVIIIe siècle aimaient à recueillir les confidences d'un sofa (Crébillon fils), voire à faire parler le sexe des femmes (Diderot dans *Les Bijoux indiscrets*) ; Flaubert, lui, transpose une scène érotique dont nous ne verrons rien, dans la « fureur de locomotion » d'un fiacre qui passe et repasse par les mêmes lieux, sommé de continuer son périple fou par « une voix » sortant de l'habitacle : « Sur le port [...], dans les rues, au coin des bornes, les bourgeois ouvraient de grands yeux ébahis devant cette chose ballottée comme un navire ». Là est le grand art naturaliste. De même que Flaubert renouvelle la tradition libertine en faisant « parler », mieux qu'un objet, le silence lui-même, de même Zola renoue avec la force du mythe. Sa *Curée* est une *Phèdre* moderne, et les paysans de *La Terre* rejouent les incestes, les meurtres et les viols des anciens dieux païens. Son art a la puissance des créations de la Renaissance, Jésus-Christ a une verve rabelaisienne comme Nana une stature « michelangelesque » (Flaubert), mais il a aussi toute la modernité de l'impressionnisme (Cf. Synthèse littéraire et corps de l'ouvrage). Quant à Baudelaire, les yeux ouverts sur le rêve « à l'heure où les autres dorment », il dévoile pour nous le continent inexploré de l'inconscient dans l'alchimie d'un verbe tout classique. « Descendu jusqu'au fond de l'inépuisable mine », il aboutit, comme l'écrit Huysmans dans *À Rebours*, « à ces districts de l'âme où se ramifient les végétations monstrueuses de la pensée », celles-là mêmes qu'arpenteront Rimbaud et les surréalistes.

Conclusion

Ainsi est-il vain de mesurer la valeur d'une œuvre d'art à sa moralité, seul compte effectivement le « talent », c'est-à-dire, loin de toutes les platitudes et de tous les rabâchages des épigones, l'originalité. Assigner une mission d'édification à la littérature est sa négation même ; Zola aimait à le répéter, « une œuvre d'art est nulle si elle n'est pas un coin de la création vu à travers un tempérament ».

SUJETS DE RECHERCHE

Compositions françaises

Pensez-vous qu'une œuvre artistique apporte un témoignage digne de foi sur l'époque de son auteur ?

Pensez-vous qu'un art s'affirme contre le goût du grand public ?

Alors qu'on pouvait lire dans la revue *Le Réalisme*, publiée vers 1860 : « Le réalisme conclut à la reproduction exacte, complète, sincère du milieu social, de l'époque où on vit », Montherlant (1896-1972) a écrit : « Il ne faut pas qu'un écrivain s'intéresse trop à son époque, sous peine de faire des œuvres qui n'intéressent que son époque. » Qu'en pensez-vous ?

Exposés

Zola et la science de son temps.

Zola et les impressionnistes.

La pensée sociale d'Émile Zola.

Zola et les mythes.

Zola et la modernité.

Lexique

aliénation : état d'asservissement et de frustration.

allégorie : représentation d'une idée par une figure dotée d'attributs symboliques.

androgyne : qui tient des deux sexes. Platon imagine dans *Le Banquet* que l'humanité primitive aurait été en partie formée de sphères androgynes que Zeus sépara, condamnant chacun à chercher sa moitié perdue.

anthropologie : étude des croyances, des coutumes, des institutions humaines.

ataxie : trouble neurologique empêchant la coordination des mouvements.

autistique : caractéristique de l'autisme, repli pathologique sur soi, perte du contact avec le monde extérieur.

Brutus : personnage légendaire, libérateur de Rome en 509 av. J.-C.

coprolalique : qui a une tendance pathologique à la grossièreté ordurière.

entomologiste : spécialiste des insectes.

épistémologie : étude de la pensée scientifique.

épure : dessin au trait, croquis.

éréthisme : état anormal d'hyperexcitation de certains organes.

eugénisme : théorie visant l'amélioration du patrimoine génétique humain.

fantasme : représentation imaginaire traduisant des désirs plus ou moins conscients.

fantasmatique : qui relève du fantasme.

hermaphrodisme : présence chez un même individu des organes reproducteurs des deux sexes.

Hokusaï : maître de l'estampe japonaise Ukiyo-e (« peinture du monde flottant »), célèbre pour ses « Trente six vues du Mont Fuji », (1760-1849).

Léonidas : roi de Sparte, mort vers - 480, qui se sacrifia avec 300 hoplites pour défendre le défilé des Thermopyles contre l'armée de Xerxès.

Lucullus : général romain (106-56), qui mena, grâce aux richesses amassées pendant ses campagnes militaires, une vie dont le luxe et le raffinement sont restés proverbiaux.

Messaline : impératrice romaine, femme de Claude. Célèbre par sa débauche, elle se livra même à la prostitution.

Métamorphoses (Les) : épopée mythologique d'Ovide (43 av. J.-C. -17 ou 18 ap. J.-C.) évoquant les transformations légendaires des dieux et des hommes en animaux ou en plantes.

métaphore : procédé qui consiste à comparer implicitement deux réalités étrangères l'une à l'autre (ex : « une goutte de clarté »).

métonymie : figure qui consiste à remplacer le contenu par le contenant, l'effet par la cause, le tout par la partie (ex : le sabre et le goupillon).

mise-en-abyme : procédé inspiré de la peinture, qui permet de répéter la scène à l'intérieur même du tableau (cf Van Eyck : « Les époux Arnolfini », 1434).

narcissisme : admiration pathologique de soi-même.

nomenclateur : qui classe méthodiquement les objets en les désignant par leur nom.

œdipien : qui a trait au complexe d'Œdipe : le conflit œdipien fait du fils, animé d'un désir incestueux pour sa mère, le rival de son père.

panoptique : qui permet de tout voir.

Priape : dieu de la virilité triomphante et impudique.

prophylactique : destiné à empêcher les contagions.

référent : terme de linguistique désignant l'objet dont on parle.

refoulement : terme psychanalytique qui désigne l'entrave à la réalisation des désirs ou à leur évocation consciente par les interdits moraux. Le symptôme constitue le retour du refoulé, son expression détournée.

scatologie : propos grossiers portant sur les excréments.

sémantique : qui concerne le sens des termes.

spéculaire : relatif au miroir ; conversion spéculaire : changement de l'image de soi grâce au miroir.

sublimation : transformation des désirs sexuels en activités ou sentiments socialement valorisés.

taxinomie : classification.

tératologie : science des monstres.

Thébaïde : lieu de retraite paisible.

topos : lieu commun (en grec).

transsubstantiation : transformation du pain et du vin en corps et en sang de Jésus-Christ dans l'eucharistie.

Bibliographie

Œuvres d'Émile Zola
Émile ZOLA, *Œuvres complètes*, édition établie sous la direction d'Henri Mitterand, Cercle du livre précieux.

Émile ZOLA, *Les Rougon-Macquart*, édition de la Pléiade, notes et commentaires d'Henri Mitterand.

Œuvres critiques
J. BORIE, *Zola et les mythes*, éd. du Seuil.
A. DEZALAY, *L'Opéra des Rougon-Macquart*, éd. Klincksieck.
A. DEZALAY, *Lectures de Zola*, Coll. U Prisme, éd. Armand Colin.
P. HAMON, *Le Personnel du Roman*, éd. Droz.
A. LANOUX, *Bonjour, monsieur Zola*, éd. Hachette.
J.-C. LAPP, *Les Racines du Naturalisme*, éd. Bordas.
A. DE LATTRE, *Le Réalisme selon Zola*, PUF.
H. MITTERAND, *Zola et le Naturalisme*, Que sais-je ?, PUF ; *Le Discours du Roman*, PUF ; *Le Regard et le Signe*, PUF.
Neide DE FARIA, *Structures et Unité dans les Rougon-Macquart*, éd. Nizet.
A. PAGÈS, *Le Naturalisme*, Que sais-je ?, PUF ; *La Bataille littéraire*, Librairie Séguier.
R. RIPOLL, *Réalité et mythe chez Zola*, éd. Champion.
M. SERRES, *Feux et Signaux de brume*, éd. Grasset.
François-Émile ZOLA et MASSIN, *Zola photographe*, Délégation à l'action artistique de la Ville de Paris.

Revues
Les Cahiers naturalistes, sous la direction d'Alain Pagès, éd. Fasquelle.
L'École des lettres, « Zola et le naturalisme » n° 6, 1989.
Europe, numéro spécial avril-mai 1968 ; numéro spécial *Germinal*, octobre 1985.
Littérature, n° 24, décembre 1976, « Parole, société, révolution dans *Germinal* », par Claude Duchet, éd. Larousse.

Dans la collection Balises
Collection Balises, éd. Nathan : P. CARLES, B. DESGRANGES, *L'Assommoir* ; J. VASSEVIÈRE, *Germinal*.

TABLE DES MATIÈRES

REPÈRES

Introduction	3
La vie d'Émile Zola	5
Chronologie	9
Synthèse générale	13

LES GRANDES ŒUVRES

LES ŒUVRES DE JEUNESSE

Les Contes à Ninon	21	*Thérèse Raquin*	23
La Confession de Claude	22	*Madeleine Férat*	24
Les Mystères de Marseille	22		

LA SAGA DES ROUGON-MACQUART

La Fortune des Rougon	25	*La Faute de l'abbé Mouret*	75
La Débâcle	29	*La Joie de vivre*	77
La Curée	35	*Nana*	79
Le Ventre de Paris	40	*La Bête humaine*	83
La Conquête de Plassans	45	*L'Œuvre*	87
L'Assommoir	49	*Le Rêve*	92
Germinal	53	*Son Excellence*	
La Terre	60	*Eugène Rougon*	93
Pot-Bouille	64	*L'Argent*	94
Au Bonheur des Dames	69	*Le Docteur Pascal*	97
Une page d'amour	73		

LES DERNIERS ÉCRITS

Les Trois Villes	100	*Les Évangiles*	101
Conclusion			105

ANNEXES

Groupements thématiques	107
Jugements critiques	112
Recherches et exercices	116
Lexique	124
Bibliographie	126

Dans la même collection, série "Les œuvres"

- 14 *Un amour de Swann*, Proust
- 13 *Antigone*, Anouilh
- 8 *L'Assommoir*, Zola
- 20 *Atala/ René*, Chateaubriand
- 34 *Bel Ami*, Maupassant
- 36 *Caligula*, Camus
- 4 *Candide*, Voltaire
- 30 *La Chartreuse de Parme*, Stendhal
- 31 *Le Chevalier à la charette / Le Chevalier au lion*, Chrétien de Troyes
- 26 *Les Choses / Espèces d'espaces*, Perec
- 18 *Les Confessions*, Rousseau
- 9 *Dom Juan*, Molière
- 22 *La Double Inconstance*, Marivaux
- 2 *L'École des Femmes*, Molière
- 19 *L'Éducation sentimentale*, Flaubert
- 35 *En attendant Godot / Fin de partie*, Beckett
- 23 *L'Étranger*, Camus
- 32 *Les Faux-Monnayeurs*, Gide

- 1 *Germinal*, Zola
- 15 *La guerre de Troie n'aura pas lieu*, Giraudoux
- 33 *Les Mouches / Huis-clos*, Sartre
- 5 *Jacques le Fataliste*, Diderot
- 10 *Madame Bovary*, Flaubert
- 16 *Manon Lescaut*, L'abbé Prévost
- 17 *Le Mariage de Figaro*, Beaumarchais
- 12 *Le Père Goriot*, Balzac
- 24 *La Peste*, Camus
- 11 *Phèdre*, Racine,
- 6 *La Princesse de Clèves*, Madame de Lafayette
- 27 *Un roi sans divertissement*, Giono
- 28 *Le Roi se meurt*, Ionesco
- 3 *Le Rouge et le Noir*, Stendhal
- 7 *Tartuffe*, Molière
- 29 *Thérèse Desqueyroux*, Mauriac
- 25 *Tristan et Yseut*, Béroul, Thomas
- 21 *Une vie*, Maupassant

Crédits photographiques

Roger-Viollet : 2, 104, 106 / Lauros-Giraudon : 12.

Aubin Imprimeur
LIGUGÉ, POITIERS

Achevé d'imprimer en mars 1992
N° d'édition 10008205 II-5 (OSB-80)
N° d'impression L 39906
Dépôt légal mars 1992 / Imprimé en France